ALGORITMOS DE DESTRUIÇÃO EM MASSA

COMO O BIG DATA AUMENTA A DESIGUALDADE E AMEAÇA A DEMOCRACIA

Cathy O' Neil

Título original: *Weapons of Math Destruction: How Big Data Increases Inequality and Threatens Democracy*
Copyright © Cathy O'Neil, 2017
Published in agreement with William Morris Endeavor Entertainment, LLC

Grafia atualizada segundo o Acordo Ortográfico da Língua Portuguesa de 1990, que entrou em vigor no Brasil em 2009.

Edição: Felipe Damorim e Leonardo Garzaro
Arte: Vinicius Oliveira e Silvia Andrade
Tradução: Rafael Abraham
Revisão e preparação: André Esteves
Colaboração: Danilo Abraham
Conselho Editorial: Felipe Damorim, Leonardo Garzaro e Vinicius Oliveira

Dados Internacionais de Catalogação na Publicação (CIP)
(Câmara Brasileira do Livro, SP, Brasil)

O'Neil, Cathy
    Algoritmos de destruição em massa : como o big data aumenta a desigualdade e ameaça a democracia / Cathy O'Neil ; tradução Rafael Abraham. -- 1. ed. -- Santo André, SP : Editora Rua do Sabão, 2020.
    Título original: Weapons of math destruction : how big data increases inequality and threatens democracy
    ISBN 978-65-86460-02-5

    1. Algoritmos 2. Antropologia - Estudo de casos 3. Acessibilidade 4. Democracia 5. Desigualdade social 6. Redes sociais online - Aspectos sociais I. Abraham, Rafael. II. Título.

20-46463   CDD-305.5

Índices para catálogo sistemático:

    1. Desigualdade social : Sociologia 305.5
    Aline Graziele Benitez - Bibliotecária - CRB-1/3129

Todos os direitos desta edição reservados à:
Editora Rua do Sabão
Rua da Fonte, 275 sala 62B
09040-270 - Santo André, SP.

www.editoraruadosabao.com.br
facebook.com/editoraruadosabao
instagram.com/editoraruadosabao
twitter.com/edit_ruadosabao
youtube.com/editoraruadosabao
pinterest.com/editorarua

ALGORITMOS DE DESTRUIÇÃO EM MASSA

COMO O BIG DATA AUMENTA A DESIGUALDADE E AMEAÇA A DEMOCRACIA

Cathy O' Neil

2a reimpressão

Traduzido do inglês por Rafael Abraham

Este livro é dedicado a todos os
desfavorecidos

<💀/>

ÍNDICE

INTRODUÇÃO _____ 9
COMPONENTES DA BOMBA /
O Que é um Modelo? _____ 29
ABALO CHOCANTE
(ou: TRAUMA PÓS-GUERRA) _____ 57
CORRIDA ARMAMENTISTA /
Indo à Universidade _____ 85
MÁQUINA DE PROPAGANDA /
Publicidade Online _____ 115
BAIXAS CIVIS / Justiça na Era do Big Data _____ 139
INAPTO PARA SERVIR /
Conseguindo um Emprego _____ 171
BUCHA DE CANHÃO / Em serviço _____ 199
DANOS COLATERAIS / Obtendo Crédito _____ 227
ZONA DE PERIGO / Obtendo Seguro _____ 259
O CIDADÃO-ALVO / A vida cívica _____ 287
CONCLUSÃO _____ 317
AGRADECIMENTOS _____ 349

INTRODUÇÃO

Quando eu era uma garotinha, costumava fitar o tráfego pela janela do carro e analisar os números das placas. Eu reduzia cada um a seus elementos básicos — os números primos que os compunham. 45 = 3 x 3 x 5. Isso é chamado de fatoração, e era meu passatempo investigativo favorito. Como uma promissora jovem nerd da matemática, eu ficava especialmente intrigada pelos números primos.

Meu amor pela matemática acabou tornando-se uma paixão. Fiz um curso intensivo de férias aos catorze anos e voltei para casa segurando um Cubo Mágico apertado ao peito. A matemática me dava um refúgio seguro da bagunça do mundo real. Ela marchava em frente, um campo de conhecimento expandindo-se incansavelmente, comprovação após comprovação. E eu poderia somar a isso. Me formei em matemática na faculdade e segui até o PhD. Minha tese foi sobre teoria algébrica dos números, um campo com raízes em toda aquela fatoração que eu fazia quando criança. Finalmente, tornei-me professora titular em Barnard, que possuía um departamento de matemática em conjunto com o da Columbia University.

E então fiz uma grande mudança. Larguei meu emprego e fui trabalhar como analista quantitativo para o D.E. Shaw, um fundo multimercado de ponta. Ao trocar o meio acadêmico pelo das finanças, levei a matemática da teoria abstrata para a prática. As operações que executávamos nos números traduziam-se em trilhões de dólares espirrando de uma conta a outra. No começo me sentia empolgada e impressionada por trabalhar nesse novo laboratório, a economia global. Mas perto do fim de 2008, depois de ter estado lá por pouco mais de um ano, tudo desmoronou.

O colapso deixou bem claro que a matemática, outrora meu refúgio, não apenas estava profundamente emaranhada nos problemas mundiais como era também o combustível de muitos deles. A crise imobiliária, o colapso de grandes instituições financeiras, o aumento do desemprego — tudo fora auxiliado e induzido por matemáticos brandindo fórmulas mágicas. E mais, graças aos poderes extraordinários que eu tanto amava, a matemática podia combinar-se com tecnologia para multiplicar o caos e a desgraça, dando eficiência e escala a sistemas que agora reconheço como defeituosos.

Se tivéssemos sido lúcidos, teríamos todos dado um passo atrás para conseguir entender como a matemática fora mal utilizada e como poderíamos prevenir uma catástrofe similar no futuro. Ao invés disso, na esteira da crise, novas técnicas matemáticas estavam bombando, expandindo-se para novos territórios. Petabytes de dados eram processados 24 horas por dia, 7 dias por semana, muitos deles raspados de redes sociais ou sites de e-commerce. E cada vez mais o foco não era nos movimentos dos mercados financeiros globais, mas nos seres humanos. Em nós. Matemáticos e estatísticos estavam estudando os nossos desejos, movimentações e poder de compra. Eles previam nossa credibilidade e calculavam nosso potencial enquanto estudantes, trabalhadores, amantes e criminosos.

Esta era a economia do Big Data, os imensos volumes de dados, e ela prometia ganhos espetaculares. Um programa de computador poderia vasculhar milhares de currículos ou pedidos de empréstimo em um segundo ou dois e ordená--los em listas impecáveis, com os candidatos mais promissores no topo. Isso não apenas economizava tempo, mas também era vendido como algo imparcial e objetivo. Afinal, não envolvia humanos preconceituosos cavoucando resmas de papel, apenas máquinas processando números frios. Por volta de 2010, a matemática impunha-se como nunca nas questões humanas, e o público amplamente a saudava.

Contudo, eu via problemas. As aplicações matemáticas fomentando a economia dos dados eram baseadas em escolhas feitas por seres humanos falíveis. Algumas dessas escolhas sem dúvida eram feitas com as melhores das intenções. Mesmo assim, muitos desses modelos programavam preconceitos, equívocos e vieses humanos nos sistemas de software que cada vez mais geriam nossas vidas. Como deuses, esses modelos matemáticos eram opacos, seus mecanismos invisíveis a todos exceto aos altos sacerdotes de seus domínios: os matemáticos e cientistas da computação. Suas decisões, mesmo quando erradas ou danosas, estavam para além de qualquer contestação. E elas tendiam a punir os pobres e oprimidos da sociedade enquanto enriquecia ainda mais os ricos.

Criei um nome para esses modelos nocivos: Armas de Destruição Matemáticas, ou ADMs. Vou dar um exemplo, destacando no percurso suas características destrutivas.

Como de costume, este caso começou com um objetivo louvável. Em 2007, o novo prefeito de

Washington, D.C., Adrian Fenty, estava determinado a virar de ponta-cabeça as escolas municipais com desempenho aquém do esperado. O trabalho estava definido: à época, apenas um em cada dois estudantes de ensino médio conseguia se formar após o nono ano, e só 8% dos estudantes de oitavo ano conseguiam a nota média em matemática. Fenty contratou uma reformista educacional chamada Michelle Rhee para ocupar um novo e poderoso cargo, reitora das escolas de Washington.

A teoria corrente dizia que os estudantes não estavam aprendendo o suficiente porque os professores não faziam um bom trabalho. Então, em 2009, Rhee implementou um plano para erradicar os professores de baixa performance. Esta é a tendência em distritos escolares problemáticos pelo país afora, e da perspectiva de um engenheiro de sistemas o raciocínio faz perfeito sentido: avaliar os professores. Livrar-se dos piores e posicionar os melhores onde eles possam fazer um bem maior. Na linguagem dos cientistas de dados, isso "otimiza" o sistema escolar e ao que parece garante melhores resultados para as crianças. Fora os "maus" professores, quem poderia ser contra isso? Rhee desenvolveu uma ferramenta de avaliação de professores chamada IMPACT, e no fim do ano letivo de 2009-10 o distrito de Washington demitiu todos os professores cujas pontuações os colocavam entre os 2% inferiores. No fim do ano seguinte, outros 5%, ou 206 professores, foram dispensados.

Sarah Wysocki, uma professora de quinto ano, não parecia ter motivos de preocupação. Ela estava na Escola Fundamental de MacFarland há apenas dois anos mas já recebia excelentes avaliações de seu diretor e dos pais dos alunos. Um comentário elogiava a atenção prestada às crianças; outro a chamava de "uma das melhores professoras que já conheci na vida".

Ainda assim, no fim do ano letivo de 2010-11, Wysocki recebeu uma pontuação lastimável na avaliação IMPACT. O problema dela era um novo sistema de pontuação conhecido como modelagem de valor agregado, que pretendia medir a eficácia da professora ao ensinar matemática e habilidades linguísticas. Aquela pontuação, gerada por um algoritmo, representava metade da avaliação final, e prevaleceu sobre os comentários positivos dos gestores e da comunidade escolar. O distrito não tinha outra opção a não ser demiti-la junto de outros 205 professores cujas pontuações IMPACT haviam ficado abaixo do limite mínimo.

Isso não parecia ser algum tipo de caça às bruxas ou ajuste de contas. De fato, há lógica na abordagem do distrito escolar. Gestores, afinal, podem muito bem ser amigos de professores terríveis. Maus professores podem parecer bons. Assim Washington, como muitos outros sistemas escolares, iria minimizar este viés humano e prestar mais atenção na pontuação baseada em resultados sólidos: notas em matemática e leitura. Os números falariam claramente, prometeram os dirigentes distritais. Eles seriam mais justos.

Wysocki, é claro, sentiu que os números eram horrivelmente injustos, e quis saber de onde vinham. "Acho que ninguém os compreendia", ela me contaria depois. Como uma professora tão boa poderia ter uma pontuação tão pífia? O que o modelo de valor agregado estava medindo?

Bem, ela descobriu que era complicado. O distrito havia contratado uma consultoria, Mathematica Policy Research, de Princeton, para criar o sistema de avaliação. O desafio da Mathematica era medir o progresso educacional dos estudantes do distrito, e então calcular quanto do avanço ou declínio poderia ser atribuído aos professores. Não era uma tarefa fácil, é claro. Os pesquisadores sabiam que muitas variáveis, desde o histórico socioeconômico aos efeitos dos transtornos de aprendizagem, poderiam afetar os resultados dos alunos. Os algoritmos tinham de dar conta dessas diferenças, o que era uma das razões para serem tão complexos.

De fato, tentar reduzir comportamento, performance e potencial humanos a algoritmos não é tarefa fácil. Para entender o desafio que a Mathematica enfrentava, imagine uma menina de dez anos morando em um bairro pobre no sudeste de Washington. No final do ano letivo, ela faz a prova padronizada da quinta série. Então a vida segue. Ela pode ter problemas familiares ou de dinheiro. Talvez tenha que se mudar de casa ou viver preocupada com um irmão mais velho com problemas legais. Talvez esteja infeliz com seu peso ou assustada com bullying na escola. De todo modo, no ano seguinte ela faz outra prova padronizada, desta vez projetada para alunos de sexto ano.

Se você comparar os resultados das provas, as notas devem permanecer estáveis, ou quem sabe aumentar. Mas se o resultado afundar, é fácil calcular a diferença entre a performance dela com a de alunos de sucesso.

Mas quanto dessa diferença se deve ao professor? É difícil saber, e os modelos da Mathematica possuem apenas alguns números de comparação. Em empresas de Big Data como o Google, em contrapartida, pesquisadores rodam testes constantes e monitoram milhares de variáveis. Eles podem mudar as cores das letras de um único anúncio, de azul para vermelho, exibir cada versão a dez milhões de pessoas e registrar qual dessas versões ganha mais cliques. Eles usam esse retorno para afiar seu algoritmo e fazer o ajuste fino da operação. Ainda que eu tenha várias questões com o Google, das quais trataremos mais à frente, esse tipo de testagem é um uso efetivo de estatística.

Tentar calcular o impacto que uma pessoa pode ter sobre outra ao longo de um ano escolar é muito mais complexo. "Há tantos fatores envolvidos em ensinar e aprender que seria muito difícil medir todos eles", Wysocki diz. E mais, tentar avaliar a efetividade de um professor analisando notas de provas de apenas 25 ou 30 alunos é estatisticamente frágil, risível até. Os números são pequenos demais levando-se em conta o que pode dar errado. É verdade que se fossemos analisar professores com o rigor estatístico de um mecanismo de buscas online, teríamos de testá-los em milhares ou até milhões de alunos selecionados aleatoriamente. Estatísticos contam com números grandes para compensar exceções e anormalidades. (E as ADMs, como veremos, costumam punir indivíduos que por acaso são a exceção.)

Igualmente importante, sistemas estatísticos demandam retorno, ou feedback — algo que os diga quando saíram dos trilhos. Estatísticos usam erros para treinar seus modelos e fazê-los mais inteligentes. Se a Amazon.com, por meio de uma correlação defeituosa, começasse a recomendar livros de jardinagem a adolescentes, os cliques desabariam, e o algoritmo seria ajustado até passar a acertar. Sem feedback, no entanto, um mecanismo estatístico pode continuar fazendo análises ruins e danosas sem nunca aprender com seus erros.

Muitas das ADMs abordadas neste livro, incluindo o modelo de valor agregado das escolas de Washington, comportam-se dessa forma. Elas definem sua própria realidade e usam-na para justificar seus resultados. Esse tipo de modelo se autoperpetua e é altamente destrutivo — e muito comum.

Quando o sistema de pontuação da Mathematica marca Sarah Wysocki e outros 205 professores como fracassos, a cidade os demite. Mas como ele aprende se estava certo? Não aprende. O sistema em si determinou que eles eram fracassos, e é assim que são vistos. Duzentos e seis professores "ruins" se foram. Este fato isolado parece demonstrar quão efetivo é o modelo de valor agregado. Ele está limpando o distrito de professores insatisfatórios. Ao invés de buscar pela verdade, a pontuação passa a lhe dar corpo.

Este é um exemplo de um ciclo de feedback, ou retroalimentação, de uma ADM. Veremos muitos ao longo do livro. Empregadores, por exemplo, estão cada vez mais usando escores de crédito para avaliar potenciais funcionários. Aqueles que pagam suas contas em dia, acredita-se, são mais propensos a chegar ao trabalho no horário e obedecer às regras. Na realidade, há muitas pessoas responsáveis e bons profissionais que sofrem reveses e veem seus escores de crédito baixarem. Mas a crença de que um escore ruim se correlaciona com má performance no trabalho dá menos chances de aqueles com baixo escore acharem emprego. O desemprego os leva à pobreza, o que piora ainda mais seus escores, dificultando ainda mais conseguirem um emprego. É um ciclo vicioso. E os empregadores nunca descobrem quantos bons empregados foram perdidos por conta desse foco no escore de crédito. Nas ADMs, muitas premissas venenosas são camufladas pela matemática e passam amplamente incontestadas.

Isso ressalta outra característica comum das ADMs. Elas tendem a punir os pobres. Isto porque, em parte, são projetadas para avaliar grandes números de pessoas. São especializadas em volumes massivos, e baratas. É parte do seu atrativo. Os ricos, ao contrário, muitas vezes se beneficiam de contribuição pessoal. Um escritório de advocacia de gabarito ou escolas particulares tenderão muito mais a recomendações e entrevistas cara a cara do que uma rede de fast-food ou distrito escolar com grana curta. Os privilegiados, veremos vez após outra, são processados mais pelas pessoas; as massas, pelas máquinas.

A incapacidade de Wysocki de encontrar alguém que pudesse explicar sua pontuação baixa também é reveladora. As sentenças das ADMs caem como mandamentos dos deuses algorítmicos. O modelo em si é uma caixa preta, cujo conteúdo é segredo corporativo ferozmente protegido.

Isso permite que consultorias como a Mathematica cobrem mais, mas serve também a outro propósito: se as pessoas sendo avaliadas são mantidas no escuro, por esse modo de pensar, haverá menos chance de tentarem burlar o sistema. Em vez disso, terão simplesmente de trabalhar mais duro, seguir as regras e rezar para que o modelo registre e aprecie seus esforços. Mas se os detalhes são escondidos, também é mais difícil questionar ou contestar os resultados.

Por anos, os professores de Washington reclamaram das pontuações arbitrárias e exigiram os detalhes que as compunham. É um algoritmo, disseram-lhes. É muito complexo. Isso desencorajou muitos a fazer mais pressão. Muitas pessoas, infelizmente, sentem-se intimidadas pela matemática. Mas uma professora desta mesma matéria, Sarah Bax, continuou a pressionar por mais detalhes o gestor do distrito, um ex-colega chamado Jason Kamras. Depois de um vai-e-vem de meses, Kamras disse a ela que esperasse pelo próximo relatório técnico. Bax respondeu: "Como você justifica avaliar pessoas por uma medida que você não é capaz de explicar?". Mas essa é a natureza das ADMs. A análise é terceirizada a programadores e estatísticos. E, por via de regra, deixam as máquinas falarem por si.

Mesmo assim, Sarah Wysocki tinha plena consciência de que as notas das provas padronizadas de seus alunos compunham pesadamente a fórmula. E aqui ela tinha algumas suspeitas. Antes de começar o que seria seu último ano na Escola Fundamental de MacFarland, ela ficou contente em ver que seus alunos de quinta série haviam ido surpreendentemente bem nas provas de final de ano. Na Escola Primária de Barnard, de onde muitos alunos de Sarah tinham vindo, 29% deles haviam sido classificados como "nível avançado de leitura". Isso era cinco vezes a média do distrito.

Contudo, quando as aulas começaram, ela notou que muitos dos alunos tinham dificuldade até com frases simples. Bem depois, investigações do Washington Post e USA Today revelaram um alto nível de rasura nos testes padronizados em 41 escolas do distrito, incluindo Barnard. Uma taxa alta de respostas corrigidas apontara para uma alta probabilidade de fraude. Em algumas escolas, até 70% das salas sofreram suspeitas.

O que isso tem a ver com ADMs? Algumas coisas. Primeiro, algoritmos de avaliação de professores são uma poderosa ferramenta de modificação de comportamento. É esse seu propósito, e nas escolas de Washington eles exibiam tanto a vara quanto a cenoura. Os professores sabiam que se os alunos falhassem nas provas, seus empregos estariam em risco. Isso dava aos professores uma motivação forte para garantir que os alunos fossem aprovados, especialmente conforme a

Grande Recessão assolava o mercado de trabalho. Ao mesmo tempo, se esses alunos superassem os colegas, professores e gestores poderiam receber bônus de até 8 mil dólares. Se somarmos esses incentivos poderosos com as evidências do caso — o alto número de rasuras e as estranhas notas altas das provas — há espaço para suspeita de que os professores de quarta série, sucumbindo ao medo ou ganância, haviam corrigido e alterado as provas de seus alunos.

É possível, então, que os alunos de quinta série de Sarah Wysocki haviam começado o ano escolar com notas artificialmente infladas. Se for o caso, seus resultados no ano seguinte fariam parecer que pioraram na quinta série — e que o professor era insatisfatório. Wysocki estava convencida de que esse era o seu caso. Essa explicação faria sentido com as observações dos pais, colegas e diretor de que ela era de fato uma boa professora. Esclareceria a confusão. Sarah Wysocki tinha um argumento forte em mãos.

Mas não se pode recorrer contra uma ADM. Isso é parte de seu poder assustador. Elas não ouvem. Tampouco vergam. São surdas não somente a charme, ameaça e adulação mas também à lógica — mesmo quando há boas razões para se questionar os dados que alimentam seus resultados. Sim, caso fique claro que sistemas automatizados estão errando de modo vergonhoso e sistemático, os programadores irão voltar atrás e ajustar os algoritmos. Mas na maior parte das vezes os programas entregam sentenças inflexíveis, e os seres humanos os utilizando dão de ombros como se dissessem, "bem, fazer o quê?".

E essa foi exatamente a resposta que Sarah Wysocki finalmente recebeu do distrito escolar. Jason Kamras depois diria ao Washington Post que as rasuras eram "sugestivas" e que os números talvez estivessem errados na sala de quinta série dela. Mas as evidências não eram conclusivas. Ele disse que ela havia sido tratada de forma justa.

Consegue ver o paradoxo? Um algoritmo processa um pântano de números e gera uma probabilidade que uma certa pessoa pode ser uma má contratação, um devedor de risco, um terrorista, ou um professor péssimo. Essa probabilidade é destilada numa pontuação, que pode pôr a vida de alguém de ponta-cabeça. E mesmo quando a pessoa reage, evidências "sugestivas" do contrário simplesmente não bastam. O caso precisa ser robusto. As vítimas humanas das ADMs, veremos vez após outra, são objeto de um padrão muito mais alto de evidências do que os próprios algoritmos.

Depois do choque de sua demissão, Sarah Wysocki ficou sem trabalho por apenas poucos dias. Muitas pessoas, incluindo seu diretor, fizeram indicações e ela quase de imediato garantiu uma vaga numa escola de um distrito abastado no norte da Virgínia. Assim, graças a um modelo altamente questionável, uma escola pobre perdeu uma boa professora, e uma escola rica, que não demitia pessoas com base nas notas dos alunos, ganhou uma.

Na sequência do colapso imobiliário, me tornei ciente da proliferação de ADMs no sistema bancário e do perigo que representavam para nossa economia. No começo de 2011 larguei meu trabalho no fundo de investimentos multimercado. Mais tarde, depois de renovar minha imagem como cientista de dados, me juntei a uma startup de e-commerce. Dessa posição estratégica, pude ver que legiões de outras ADMs estavam envolvidas em todo setor concebível, muitas delas exacerbando a desigualdade e punindo os pobres. Estavam no coração da impressionante economia de dados.

Para espalhar a palavra sobre as ADMs, lancei um blog, Math-Babe. Minha meta era mobilizar colegas matemáticos contra o uso negligente de estatística e modelos tendenciosos que criavam seus próprios ciclos tóxicos de feedback. Especialistas em dados, em particular, foram atraídos para o blog, e me alertaram sobre a difusão de ADMs em novos territórios. Mas em meados de 2011, quando o movimento Occupy Wall Street ganhou vida na Baixa Manhattan, vi que tínhamos trabalho a fazer para um público maior. Milhares haviam se juntado para exigir justiça econômica e responsabilização. E ainda assim, quando eu ouvia entrevistas com os membros do movimento, me pareciam muitas vezes ignorantes acerca de questões básicas de finanças. Claramente, não estavam lendo o meu blog. (Devo acrescentar, porém, que você não precisa entender todos os detalhes de um sistema para saber que ele é falho.)

Eu poderia tanto criticá-los quanto me juntar a eles, percebi, então escolhi a segunda opção. Em pouco tempo eu estava viabilizando reuniões do Grupo Bancário Alternativo na Columbia University, no qual discutíamos reforma financeira. Através deste processo, pude perceber que minhas duas iniciativas fora do meio acadêmico, uma em finanças, outra em ciência de dados, me deram um acesso tremendo à tecnologia e cultura que alimenta as ADMs.

Modelos matemáticos mal concebidos agora microgerenciam a economia, de publicidade à penitenciárias. Essas ADMs possuem muitas das mesmas características do modelo de valor agregado que descarrilou a carreira de Sarah Wysocki nas escolas públicas de Washington. São obscuras, incontestáveis e irresponsabilizáveis, e operam em larga escala para ordenar, atingir ou "otimizar" milhões de pessoas. Ao confundir seus resultados com a realidade pé-no-chão, a maioria delas cria ciclos destrutivos de feedback.

Mas há uma importante diferença entre um modelo de valor agregado de um distrito escolar e, digamos, uma ADM que busca possíveis requerentes de empréstimos bancários extorsivos. São recompensas distintas. Para o distrito escolar, a recompensa é um tipo de capital político, um senso de que os problemas estão sendo corrigidos. Mas para empresas é apenas a moeda padrão: dinheiro. Para muitas das empresas rodando esses algoritmos vigaristas, o dinheiro entrando parece provar que os modelos estão funcionando. Do ponto de vista delas, até faz sentido. Quando estão montando sistemas estatísticos para encontrar clientes ou manipular devedores desesperados, as receitas crescentes parecem mostrar que estão no caminho certo. O software está fazendo seu trabalho. O problema é que os lucros terminam por se prestar como substituto ou proxy — indicador aproximado — da verdade. Veremos essa perigosa confusão brotar várias vezes.

Isso acontece porque os cientistas de dados muitas vezes perdem de vista as pessoas na ponta final da transação. Eles certamente entendem que um programa que processa dados está fadado a mal interpretar as pessoas por uma certa parte do tempo, colocando-as em grupos errados e negando-lhes um emprego ou a casa dos sonhos. Mas, por via de regra, as pessoas operando ADMs não se debruçam sobre esses erros. O feedback deles é o dinheiro, que é também seu incentivo. Seus sistemas são projetados para devorar mais dados e fazer o ajuste fino das análises para que mais dinheiro entre em caixa. Os investidores, é claro, deliciam-se nesses retornos e fazem chover mais dinheiro nas empresas de ADM.

As vítimas? Bem, um cientista de dados poderia dizer que não existe sistema estatístico perfeito. Aquela gente é dano colateral. E muitas vezes, como Sarah Wysocki, são tidos como desprezíveis e descartáveis. Esqueça-os por um instante, podem dizer, e se concentre em todas as pessoas que recebem sugestões úteis de mecanismos de recomendação ou encontram as músicas que gostam no Pandora ou Spotify, o emprego ideal no LinkedIn, ou quem sabe o amor de suas vidas no Match.com. Pense na dimensão e escala impressionantes, e ignore as imperfeições.

O Big Data é repleto de evangelistas, mas não sou um deles. Este livro irá focar-se agudamente em outra direção, nos danos causados pelas ADMs e na injustiça que elas perpetuam. Iremos explorar exemplos danosos que afetam pessoas em pontos-chave da vida: acessar a universidade, tomar empréstimos, ser sentenciado à prisão, ou encontrar e manter um emprego. Todas essas esferas da vida são cada vez mais controladas por modelos secretos exercendo punições arbitrárias.

Bem-vindos ao lado sombrio do Big Data.

COMPONENTES DA BOMBA
O Que é um Modelo?

Era uma tarde quente de agosto em 1946. Lou Boudreau, o jogador e técnico do time de beisebol Cleveland Indians, estava tendo um dia péssimo. No primeiro jogo de um vai e volta, Ted Williams tinha aniquilado o time de Boudreau praticamente sozinho. Williams, talvez o maior rebatedor da época, havia marcado três home runs e rebatido oito bolas fortes retas. Os Indians acabaram perdendo por 11 a 10.

Boudreau precisava agir. Quando Williams entrou em campo pela primeira vez no segundo jogo, os jogadores dos Indians começaram a se mover. Boudreau, na posição entre a segunda e terceira base, fixou-se na segunda. O homem de segunda base, por sua vez, recuou para o campo direito. O homem de terceira base moveu-se para a esquerda, na posição original de Boudreau. Ficou claro que ele, talvez por desespero, estava mudando toda a orientação de sua defesa na tentativa de fazer Williams errar.

Em outras palavras, ele estava pensando como um cientista de dados. Ele havia analisado dados brutos, a maioria por observação: Ted Williams geralmente rebatia a bola para o campo direito. Então a defesa foi reconfigurada. E funcionou. Os campistas pegaram mais bolas fortes retas de Williams do que antes (mesmo que nada pudessem fazer com os home runs que passavam voando sobre suas cabeças).

Se você for ver um jogo da Série A hoje, verá que as defesas tratam quase todos os jogadores adversários como Ted Williams. Enquanto Boudreau meramente observou para onde Williams costumava rebater a bola, os técnicos hoje sabem precisamente onde cada jogador rebateu cada bola na última semana, no último mês, ao longo de sua carreira, contra canhotos, quando já tem dois strikes e por aí vai. Usando esses dados de histórico, eles analisam a situação e calculam o posicionamento com a maior probabilidade de sucesso. E isso às vezes envolve mover jogadores por grandes distâncias.

Mudar a posição da defesa é só uma peça de uma questão maior: quais passos um time de beisebol pode dar para maximizar as chances de vencer? Na busca por respostas, estatísticos do jogo examinaram todas as variáveis que puderam quantificar e deram um valor a cada uma. Quanto uma rebatida dupla vale mais que uma rebatida simples? Quando, se alguma vez, é válido fazer um bunt de sacrifício para um jogador correr da primeira à segunda base?

As respostas de todas essas questões são misturadas e combinadas dentro dos modelos matemáticos daquele esporte. Esses são universos paralelos do mundo do beisebol, cada qual uma trama complexa de probabilidades. São incluídas cada relação mensurável entre cada componente único do esporte, de walks e home runs aos jogadores em si. O propósito do modelo é rodar diferentes cenários em cada conjuntura, procurando pela combinação ideal. Se o NY Yankees escalar um arremessador destro para enfrentar o rebatedor de alto aproveitamento Mike Trout, do LA Angels, em comparação a deixar em campo o atual arremessador, qual a probabilidade de eliminá--lo? E como isso irá afetar as chances globais de vencer a partida?

O beisebol é o lugar ideal para modelos matemáticos de predição. Como Michael Lewis escreveu em seu bestseller de 2003, Moneyball, por toda sua história o esporte atraiu nerds de dados. Em décadas passadas, os fãs colocavam as estatísticas no verso das figurinhas de beisebol, analisando os padrões de home runs de Carl Yastrzemski ou comparando os totais de strikeout de Roger Clemens e Dwight Gooden. Mas a partir da década de 1980, estatísticos sérios começaram a investigar o que esses números, junto de uma nova avalanche de outros, realmente significava: como se traduziam em vitórias, e como executivos poderiam maximizar o sucesso com o mínimo de dólares.

"Moneyball" é hoje sinônimo de qualquer abordagem estatística em áreas antes dirigidas por instinto. Mas o beisebol representa um saudável estudo de caso — e serve como um contraste útil aos modelos tóxicos, ou ADMs, que estão pipocando em tantas áreas de nossas vidas. Os modelos do beisebol são justos, em parte, por serem transparentes. Todo mundo tem acesso às estatísticas e consegue entender mais ou menos como são interpretadas. É claro, o modelo de um time pode dar mais valor a jogadores que fazem home runs, e outros reduzi-lo um pouco, já que rebatedores de alto aproveitamento também correm mais risco de serem eliminados. Em todo caso, os números de home runs e strikeouts estão lá para qualquer um ver.

O beisebol tem também rigor estatístico. Seus gurus têm um imenso conjunto de dados à mão, quase na maioria das vezes diretamente relacionados à performance dos jogadores em campo. Além disso, esses dados são altamente relevantes para os resultados que estão tentando prever. Pode soar óbvio, mas como veremos ao longo deste livro, o pessoal criando ADMs habitualmente carece de dados para os comportamentos em que têm mais interesse. Então trocam por dados substitutos — ou proxies, indicadores aproximados. Eles traçam correlações estatísticas entre o CEP residencial de alguém ou padrões de linguagem e seu potencial de pagar um empréstimo ou conseguir dar conta de um emprego. Essas correlações são discriminatórias e, algumas delas, ilegais. Os modelos de beisebol, em geral, não usam proxies porque usam entradas pertinentes como bolas, strikes e acertos.

Além disso, os dados do esporte chegam de modo constante, com novas estatísticas de uma média de doze ou treze jogos chegando diariamente de abril a outubro. Os estatísticos podem comparar os resultados desses jogos com as predições de seus modelos, e podem ver onde erraram. Talvez tenham previsto que um arremessador reserva canhoto se daria mal contra um rebatedor destro — e no entanto aconteceu o oposto. Assim, a equipe de dados precisa ajustar seu modelo e investigar o porquê do erro. A nova bola curva do arremessador afetou suas estatísticas? Ele arremessa melhor à noite? O que quer que aprendam, podem realimentar ao modelo, refinando-o. É assim que modelos de confiança operam. Mantêm um vai-e-vem constante com aquele objeto que estão tentando entender ou prever. Se as condições mudam, também muda o modelo.

Ora, você pode ver o modelo do beisebol, com seus milhares de variáveis mutáveis, e perguntar-se como poderíamos sequer usá-lo de comparação com o modelo de avaliação de professores de Washington, D.C. Em um deles, todo um esporte é modelado rigorosamente e atualizado de forma constante. No outro, apesar de coberto em mistério, parece basear-se pesadamente num punhado de notas de provas de um ano a outro. Isso é mesmo um modelo?

A resposta é sim. Um modelo, afinal de contas, nada mais é do que a representação abstrata de algum processo, seja um jogo de beisebol, a cadeia logística de uma petroleira, as ações de um governo estrangeiro, ou o público de um cinema. Esteja ele rodando dentro de um computador ou na nossa cabeça, o modelo pega o que sabemos e usa isso para prever respostas em situações variadas. Todos nós carregamos milhares de modelos em nossas cabeças. Eles nos dizem o que esperar, e guiam nossas decisões.

Aqui vai um modelo informal que uso todos os dias. Como mãe de três, cozinho as refeições em casa — meu marido, abençoado seja, não consegue se lembrar de salgar a água do macarrão. Todas as noites, quando começo a fazer a refeição da família, intuitiva e internamente eu modelo o apetite de cada um. Sei que um filho ama frango (mas odeia hambúrguer), enquanto outro vai comer só o macarrão (com muito queijo parmesão ralado). Mas também tenho de levar em conta que os apetites das pessoas variam de um dia para outro, então uma mudança pode pegar meu modelo de surpresa. Há alguma incerteza inevitável envolvida.

As entradas, ou inputs, do meu modelo interno de culinária são as informações que tenho sobre minha família, os ingredientes que tenho às mãos ou que posso conseguir, e minha própria energia, tempo e ambição. As saídas, ou outputs, são o que e como decido cozinhar. Avalio o sucesso de uma refeição por quão satisfeita minha família parece ao terminar, quanto comeram, e quão saudável a comida era. Ver se a refeição foi bem recebida e quanto foi aproveitada me permite atualizar o modelo para a próxima vez que cozinhar. As atualizações e ajustes fazem dele o que os estatísticos chamam de "modelo dinâmico".

Ao longo dos anos, fiquei bastante boa em fazer refeições para minha família, tenho orgulho em dizer. Mas e se meu marido e eu viajarmos por uma semana, e tenho de explicar meu sistema para minha mãe quando ela vier ajudar? Ou se minha amiga que tem filhos quiser saber meus métodos? É aí que eu começaria a formalizar meu modelo, fazendo-o muito mais sistemático e, de certo modo, matemático. E, se estivesse me sentindo ambiciosa, poderia colocá-lo dentro de um programa de computador.

Idealmente, o programa incluiria todas as opções disponíveis de comida, seu valor nutricional e preço, e uma base de dados completa dos gostos da família: cada preferência e aversão individual. Seria difícil, porém, sentar e invocar toda essa informação de cabeça. Tenho diversas lembranças de gente repetindo o aspargo ou deixando a vagem de lado. Mas são memórias embaralhadas e difíceis de formalizar numa lista detalhada.

A melhor solução seria treinar o modelo com o tempo, entrando com os dados diariamente sobre o que comprei e cozinhei e anotando as reações de cada membro da família. Também incluiria parâmetros, ou restrições. Posso limitar frutas e vegetais aos da estação e distribuir uma certa quantia de docinhos, mas só o suficiente para evitar uma franca rebelião. Também adicionaria um número de regras. Este aqui gosta de carne, este outro de pão e macarrão, e aquele bebe muito leite e insiste em passar Nutella em absolutamente tudo.

Se eu fizer deste trabalho minha prioridade, dentro de alguns meses pode ser que eu venha a criar um modelo muito bom. Teria transformado o controle de comida que tenho na cabeça, meu modelo interno informal, em um modelo externo formal. Ao criar meu modelo, estenderia meu poder e influência sobre o mundo. Estaria criando um eu automatizado que pode ser implementado pelos outros, mesmo que eu não esteja aqui.

Sempre haveria erros, entretanto, porque modelos são, por sua própria natureza, simplificações. Nenhum modelo consegue incluir toda a complexidade do mundo real ou as nuances da comunicação humana. Inevitavelmente alguma informação importante fica de fora. Posso ter falhado em informar a meu modelo que as regras de junk food devem ser relaxadas em dias de aniversário, ou que cenouras cruas fazem mais sucesso que a cozida.

Para criar um modelo, então, fazemos escolhas sobre o que é importante o bastante para ser incluído, simplificando o mundo numa versão de brinquedo que possa ser facilmente entendida, e a partir da qual possamos inferir fatos e ações importantes. Esperamos que o modelo lide com apenas um trabalho e aceitamos que irá ocasionalmente agir como uma máquina ignorante com enormes pontos cegos.

Às vezes esses pontos cegos não importam. Quando pedimos o caminho no Google Maps, ele modela o mundo como uma série de ruas, túneis e pontes. Prédios são ignorados, já que não são relevantes à tarefa. Quando um software de aviônica guia o avião, ele modela o vento, a velocidade e a pista de pouso, mas não ruas, túneis, prédios e pessoas.

Os pontos cegos de um modelo refletem o julgamento e prioridades de seus criadores. Ainda que as escolhas no Google Maps e nos softwares de aviônica pareçam claras e inequívocas, outras são mais problemáticas. O modelo de valor agregado nas escolas de Washington, D.C., para voltar àquele exemplo, avalia os professores basicamente com as notas das provas dos alunos, à medida que ignora quanto os professores os envolvem e cativam, trabalham em tarefas específicas, lidam com o controle da sala ou os ajudam com problemas pessoais ou familiares. É por demais simples, sacrificando a precisão e critério em troca de eficiência. Mas do ponto de vista do gestor, o modelo fornece uma ferramenta efetiva de identificar centenas de supostos professores insatisfatórios, mesmo sob risco de alguns resultados falso-positivos.

Aqui vemos que os modelos, apesar de sua reputação de imparcialidade, refletem objetivos e ideologias. Quando tirei a possibilidade de comerem doces em todas as refeições, estava impondo a minha ideologia ao modelo de refeições. É algo que fazemos sem pensar duas vezes. Nossos próprios valores e desejos influenciam nossas escolhas, dos dados que optamos por coletar às perguntas que fazemos. Modelos são opiniões embutidas em matemática.

Se um modelo funciona ou não também é questão de opinião. Afinal, um componente-chave de todo modelo, seja formal ou informal, é sua definição de sucesso. Este é um ponto importante ao qual voltaremos conforme exploramos o mundo obscuro das ADMs. Em cada caso, devemos nos perguntar não somente quem desenhou o modelo, mas também o que aquela pessoa ou empresa está tentando alcançar. Se o governo da Coréia do Norte criar um modelo para as refeições da minha família, por exemplo, ele poderá ser otimizado para nos manter acima do limite da fome ao menor custo possível com base no estoque de comida disponível. Gostos pessoais contariam pouco ou nada. Em contrapartida, se meus filhos estivessem criando o modelo, sucesso seria sorvete todos os dias. Meu próprio modelo tenta mesclar um pouco da gestão de recursos norte-coreana com a felicidade dos meus filhos, junto com minhas próprias prioridades de saúde, conveniência, diversidade de experiência e sustentabilidade. Como resultado, é muito mais complexo. Mas ele ainda reflete minha própria realidade pessoal. E um modelo criado para hoje irá funcionar um pouco pior amanhã. Ficará obsoleto se não for atualizado de forma constante. Os preços mudam, assim como os gostos pessoais. Um modelo criado para uma criança de seis anos não funciona para um adolescente.

Isso é verdadeiro para modelos internos também. Podemos ver problemas quando avós visitam seus netos depois de algum tempo sem vê-los. Na visita anterior, reuniram informação sobre o que a criança sabe, o que a faz rir, quais programas de TV ela gosta, e criaram um modelo (inconsciente) de se relacionar com essa criança de quatro anos em particular. Ao encontrá-la um ano depois, poderão passar algumas horas desconfortáveis porque seu modelo está obsoleto. Thomas e Seus Amigos já não é mais legal. Leva-se algum tempo para agregar novos dados sobre a criança e ajustar o modelo.

Não é que bons modelos não possam ser primitivos ou rudimentares. Alguns dos mais efetivos dependem de uma única variável. O modelo mais comum de detecção de incêndio em casas e edifícios mede somente uma única variável fortemente relacionada: a presença de fumaça. Geralmente basta. Mas os modeladores se deparam com problemas — ou nos sujeitam a problemas — quando põem outros seres humanos em foco com modelos tão simples quanto um alarme de incêndio.

Racismo, no nível individual, pode ser visto como um modelo de previsão zunindo em bilhões de mentes humanas ao redor do mundo. É construído a partir de dados incompletos, defeituosos ou generalizados. Quer venha de experiência própria ou de boatos, os dados indicam que certos tipos de pessoa se comportaram mal. Isso gera uma previsão binária de que todas as pessoas daquela raça irão se comportar da mesma forma.

Desnecessário dizer, racistas não gastam muito tempo buscando dados confiáveis para treinar seus modelos deturpados. E uma vez que esse modelo se transforma em crença, torna-se programado, encucado. Ele gera suposições tóxicas, mas raramente as testa, assentando-se em dados que parecem confirmá-las e fortalecê-las. Portanto, racismo é o mais desleixado dos modelos de previsão. Ele é alimentado por coleta irregular de dados e correlações espúrias, reforçado por injustiças institucionais e contaminado por viés de confirmação. Desse modo, curiosamente, o racismo opera como muitas das ADMs que serão descritas neste livro.

<☠/>

Em 1997, um assassino condenado, um homem afro-americano chamado Duane Buck, ficou diante do júri no Condado de Harris, Texas. Buck havia matado duas pessoas, e o júri tinha de decidir se ele seria sentenciado à morte ou à prisão perpétua com chance de liberdade condicional. A promotora defendeu a pena de morte, argumentando que Buck poderia matar novamente caso fosse solto.

O advogado de defesa de Buck trouxe à frente uma testemunha especialista, um psicólogo chamado Walter Quijano, que não ajudou o caso da defesa nem um pouco. Quijano, que havia estudado taxas de reincidência no sistema prisional do Texas, fez referência à raça de Buck, e durante o interrogatório o promotor não deixou isso escapar.

"Você estabeleceu que (...) o fator raça, negro, aumenta a periculosidade futura por várias razões complexas. Está correto?", perguntou o promotor.

"Sim", Quijano respondeu. A promotora salientou esse depoimento em suas considerações finais, e o júri sentenciou Buck à morte.

Três anos depois, o procurador-geral do Texas, John Cornyn, descobriu que o mesmo psicólogo havia dado depoimentos similares, baseados em raça, em outros seis casos de pena capital, a maioria deles enquanto trabalhava com a acusação. Cornyn, que seria eleito para o Senado dos EUA em 2002, requisitou novas audiências para os sete detentos — sem a questão de raça, desta vez. Em nota à imprensa, ele declarou: "É inapropriado permitir que raça seja considerada como um fator em nosso sistema judicial. (...) O povo do Texas quer e merece um sistema proporcione imparcialidade a todos".

Seis dos detentos obtiveram novas audiências, mas foram novamente sentenciados à morte. O depoimento prejudicial de Quijano, deliberou a corte, não havia sido decisivo. Buck não ganhou uma nova audiência, talvez porque foi sua própria testemunha quem havia levantado a questão da raça. Ele ainda aguarda no corredor da morte.

Independentemente de a questão racial aparecer ou não de forma explícita em julgamento, ela tem sido há muito um fator decisivo em sentenças. Um estudo da Universidade de Maryland mostrou que no Condado de Harris, que inclui Houston, quarta cidade mais populosa dos EUA, os promotores eram três vezes mais propensos a solicitar pena de morte para afro-americanos, e quatro vezes para hispânicos, em comparação a brancos condenados pelas mesmas acusações. Esse padrão não é exclusivo ao Texas. De acordo com a Associação Americana para Liberdades Civis (ACLU), as sentenças impostas em homens negros no sistema federal são cerca de 20% maiores do que condenados brancos por crimes similares. E apesar de serem apenas 13% da população, negros preenchem 40% das vagas em presídios nos EUA.

Então você pode pensar que modelos de risco computadorizados alimentados por dados reduziriam o papel do preconceito em sentenças e contribuiriam para tratamentos mais justos. Com essa esperança, tribunais em 24 estados optaram pelos assim chamados modelos de reincidência. Eles ajudam juízes a avaliar o perigo oferecido por cada condenado. E, por muitas medidas, são uma melhoria. Eles mantêm sentenças mais consistentes e menos propensas a serem influenciadas pelos humores e vieses dos juízes. Também economizam dinheiro ao encurtar a duração média das sentenças. (Custa em média 31 mil dólares ao ano para abrigar um detento, e o dobro disso em estados dispendiosos como Connecticut e New York.)

A questão, no entanto, é se de fato eliminamos o viés humano ou simplesmente o camuflamos com tecnologia. Os novos modelos de reincidência são complicados e matemáticos. Mas embutidos dentro desses modelos estão um conjunto de pressupostos, alguns deles prejudiciais. E enquanto as palavras de Walter Quijano foram transcritas para o registro, que mais tarde poderia ser lido e contestado no tribunal, o funcionamento de um modelo de reincidência está escondido em algoritmos, compreensível somente para uma pequena elite.

Um dos modelos mais populares, conhecido como LSI–R, ou Level of Service Inventory – Revised, inclui um longo questionário para o detento preencher. Uma das perguntas — "Quantas condenações anteriores você já teve?" — é altamente relevante para o risco de reincidência. Outras também são claramente relacionadas: "Qual o papel outros desempenharam no delito? Qual foi o papel de drogas e álcool?".

Mas conforme as questões continuam indo mais a fundo na vida da pessoa, é fácil imaginar como detentos de origem privilegiada iriam responder de um jeito e aqueles vindos das árduas ruas do centro da cidade de outro. Pergunte a um criminoso que cresceu num confortável bairro nobre sobre "a primeira vez em que você se envolveu com a polícia", e ele pode não ter um único incidente a relatar além daquele que o fez ser preso. Homens negros jovens, em contrapartida, provavelmente já foram parados pela polícia dezenas de vezes mesmo sem ter feito nada de errado. Um estudo de 2013 da Associação Nova-Iorquina para Liberdades Civis apontou que enquanto homens negros e latinos entre 14 e 24 anos correspondiam a apenas 4,7% da população da cidade, eles respondem por 40,6% das paradas policiais com revista. Mais de 90% dos revistados eram inocentes. Alguns do restante podem ter bebido antes da idade mínima legal ou levado um baseado no bolso. E, ao contrário da maioria da garotada rica, eles eram penalizados por isso. Então se "envolvimento" precoce com a polícia indica reincidência, pessoas pobres e minorias raciais parecem muito mais perigosas.

As perguntas dificilmente param por aí. Os detentos também são perguntados sobre antecedentes criminais de parentes e amigos. Novamente, faça essa pergunta a um criminoso condenado criado num bairro de classe-média, e as chances de uma resposta negativa são muito maiores. O questionário, sim, evita perguntas sobre raça, que são ilegais. Mas com a riqueza de detalhes fornecidos por cada detento, essa única pergunta ilegal é quase supérflua.

O questionário LSI–R foi dado a milhares de detentos desde sua invenção em 1995. Estatísticos usaram esses resultados para criar um sistema em que as respostas altamente correlacionadas com reincidência ganhavam mais peso e valiam mais pontos. Depois de responder ao questionário, os condenados são categorizados em risco alto, médio ou baixo com base nos pontos que acumularam. Em alguns estados, como Rhode Island, esses testes são usados somente para incluir aqueles com pontuação de alto risco em programas antirreincidência enquanto encarcerados. Mas em outros, incluindo Idaho e Colorado, juízes usam essa pontuação como guia em suas sentenças.

Isso é injusto. O questionário inclui circunstâncias de nascimento e criação de um criminoso, incluindo a família, vizinhança e amigos. Esses detalhes não deveriam ser relevantes a um caso criminal ou à sentença. Certamente, se um promotor tentasse manchar um réu ao mencionar os antecedentes criminais do irmão dele ou a alta taxa de crimes de seu bairro, um advogado de defesa decente urraria "protesto, Meritíssimo!" e um juiz sério manteria o protesto. Essa é a base do nosso sistema legal. Somos julgados pelo que fazemos, não por quem somos. E apesar de não sabermos quais pesos exatamente são atribuídos a essas partes do teste, qualquer peso acima de zero é irracional.

Muitos destacariam que sistemas estatísticos como o LSI–R são efetivos em medir o risco de reincidência – ou pelo menos mais precisos do que o palpite aleatório de um juiz. Mas mesmo que coloquemos de lado, por um instante, a questão crucial da imparcialidade, nos vemos caindo num nocivo ciclo de feedback da ADM. É mais provável que uma pessoa marcada como de "alto risco" esteja desempregada e venha de um bairro em que muitos de seus amigos e familiares tenham tido algum problema com a lei. Em parte graças à alta pontuação resultante da avaliação, ele ganha uma sentença maior, prendendo-o por mais anos numa prisão em que é rodeado por colegas detentos – o que aumenta a probabilidade de voltar a ser preso. Ele é finalmente solto no mesmo bairro pobre, desta vez com um antecedente criminal, o que torna mais difícil encontrar um emprego. Se ele cometer outro crime, o modelo de reincidência pode reivindicar outro sucesso. Mas na verdade o próprio modelo contribui com um ciclo destrutivo e ajuda a mantê-lo de pé. Essa é a qualidade típica de uma ADM.

<☠/>

Neste capítulo, vimos três tipos de modelos. Os modelos do beisebol, em sua maioria, são saudáveis. São transparentes e continuamente atualizados, e tanto os pressupostos quanto as conclusões são claras e visíveis a todos. Os modelos se alimentam de estatísticas do jogo em questão, não de proxies. E as pessoas sendo modeladas compreendem o processo e compartilham o objetivo do modelo: vencer o campeonato mundial. (O que não significa dizer que muitos jogadores, ao término do contrato, não se queixam das valorações de um modelo: "Claro que eu fui eliminado duzentas vezes, mas olhe os meus home runs...".)

Do meu ponto de vista, certamente não há nada de errado com o segundo modelo que discutimos, o modelo hipotético de refeições familiares. Se meus filhos questionassem os pressupostos que o fundamentam, sejam financeiros ou alimentares, eu ficaria feliz em mostrá-los. E mesmo que às vezes lamentem diante de um prato com algo verde, é provável que admitam, se pressionados, que compartilham os objetivos de conveniência, economia, saúde e bom gosto — mesmo que talvez deem a cada um pesos diferentes em seus próprios modelos. (E estarão livres para criá-los quando passarem a comprar a própria comida.)

Devo acrescentar que meu modelo muito dificilmente ganharia escala. Não vejo o Walmart, o Ministério da Agricultura dos EUA ou qualquer outro titã adotar meu app e impô-lo sobre centenas de milhões de pessoas, como ocorre com algumas das ADMs sobre as quais debateremos. Não, meu modelo é benigno, em especial porque provavelmente nunca vai sair da minha cabeça e ser formalizado em código de programação.

O exemplo de reincidência no fim do capítulo, entretanto, é uma outra história. Exala um cheiro conhecido e nocivo. Então façamos um rápido exercício de taxonomia de ADM para ver onde se encaixa.

Primeira pergunta: mesmo que o participante saiba que está sendo modelado, ou qual o propósito do modelo, ele é opaco ou mesmo invisível? Bem, a maioria dos detentos preenchendo questionários obrigatórios não são idiotas. Eles ao menos têm motivos para suspeitar que as informações que fornecerem serão usadas contra eles para controlá-los quando presos, e talvez os manter lá por mais tempo. Eles conhecem o jogo. Mas os agentes penitenciários também conhecem. E não falam a respeito do propósito do questionário LSI–R. De outro modo muitos detentos tentariam manipulá-lo, dando respostas que os fizessem parecer cidadãos exemplares. Então os detentos são "mantidos no escuro" tanto quanto possível e não sabem quais são suas pontuações de risco.

Nisto, dificilmente estão sozinhos. Modelos opacos e invisíveis são a regra, e os transparentes a exceção. Somos modelados enquanto compradores e preguiçosos de sofá, enquanto pacientes, médicos e requerentes de empréstimo, e sabemos muito pouco disso — mesmo em aplicativos em que alegremente nos cadastramos. Mesmo quando tais modelos se comportam bem, a opacidade pode dar uma sensação de injustiça. Se ao entrar num espetáculo a céu aberto o funcionário lhe dissesse que não é permitido sentar-se nas dez primeiras fileiras, você acharia descabido. Mas se lhe fosse explicado que as dez primeiras fileiras são reservadas para pessoas com cadeira de rodas, pode fazer uma boa diferença. Transparência é importante.

E, no entanto, muitas empresas se esforçam para esconder os resultados de seus modelos ou mesmo a existência deles. Uma justificativa comum é de que o algoritmo constitui um "molho secreto" crucial ao negócio. É propriedade intelectual, e deve ser defendida, caso necessário, com legiões de advogados e lobistas. No caso de gigantes da web como Google, Amazon e Facebook, esses algoritmos precisamente talhados valem sozinhos centenas de bilhões de dólares. As ADMs são, por projeto, caixas-pretas impenetráveis. Isso torna mais difícil ainda responder a segunda pergunta: o modelo funciona contra os interesses do sujeito? Em resumo, é injusto? Ele danifica ou destrói vidas?

Aqui, o LSI–R outra vez facilmente se qualifica como uma ADM. As pessoas que o projetaram na década de 1990 sem dúvida o viam como uma ferramenta para trazer imparcialidade e eficiência ao sistema de justiça criminal. Também poderia ajudar criminosos não perigosos a conseguir sentenças mais leves. Isso se traduziria em liberdade para eles e enorme economia para o pagador de impostos, que custeia uma conta prisional de 70 bilhões de dólares ao ano nos EUA. Contudo, por conta do questionário julgar um detento por detalhes que não seriam admitidos em tribunal, é injusto. Embora muitos possam se beneficiar disso, traz sofrimento aos demais.

Um fator crucial desse sofrimento é o ciclo nocivo de feedback, ou retroalimentação. Como vimos, modelos de sentenças que perfilam uma pessoa pelas suas circunstâncias ajudam a criar o ambiente que justifica suas premissas. Esse ciclo destrutivo completa uma volta e depois outra, e no processo o modelo se torna mais e mais injusto.

A terceira pergunta é se um modelo tem a capacidade de crescer de forma exponencial. Como um estatístico diria, ele ganha escala? Isso pode soar como uma trivialidade nerd de um matemático. Mas escala é o que transforma ADMs de um pequeno incômodo para algo com a força de um tsunami, um que define e delimita nossas vidas. Como veremos, as ADMs sendo desenvolvidas nas áreas de recursos humanos, saúde e sistema bancário, só para citar algumas, estão rapidamente estabelecendo normas gerais que exercem sobre nós algo muito próximo do poder de lei. Se por exemplo o modelo de um tomador de empréstimo de alto risco, feito por um banco, for aplicado a você, o mundo irá tratá-lo como apenas um caloteiro — mesmo que seja uma terrível incompreensão. E quando esse modelo ganha escala, como o modelo de crédito tem ganhado, ele afeta toda a sua vida — define se você consegue ou não um apartamento, um emprego ou um carro para ir de um ao outro.

Quando se trata de escala, o potencial da modelagem de reincidência continua a crescer. Ela já é usada na maioria dos estados, e o LSI−R é a ferramenta mais comum, usada em ao menos vinte e quatro deles. Além do LSI−R, os presídios abrigam um mercado vívido e movimentado para os cientistas de dados. O sistema penitenciário está repleto de dados, especialmente porque condenados desfrutam de menos direito à privacidade que o resto de nós. E mais, o sistema é tão deplorável, superpopuloso, ineficiente, caro e desumano que clama por melhorias. Quem não iria querer uma solução barata como essa?

A reforma penal é uma raridade no mundo politicamente polarizado de hoje, uma questão sobre a qual há consenso entre progressistas e conservadores. No início de 2015, os conservadores irmãos Koch, Charles e David, juntaram-se a um think tank progressista, o Center for American Progress, para defender a reforma prisional e diminuir a população carcerária. Mas minha suspeita é essa: esse esforço bipartidário para reformar presídios, junto com diversos outros, buscam uma solução baseada em dados para levar à eficiência e à suposta imparcialidade. É a era em que vivemos. Mesmo que outras ferramentas substituam o LSI−R como sua principal ADM, o sistema prisional provavelmente será um potente incubador de ADMs em larga escala.

Então, resumindo, esses são os três elementos de uma ADM: Opacidade, Escala e Dano. Todos estarão presentes, em menor ou maior grau, nos exemplos que serão abarcados aqui. Sim, haverá minúcias. Poderia-se argumentar, por exemplo, que as pontuações de reincidência não são totalmente opacas, já que dão pontuações que os detentos, em alguns casos, podem ver. Mas são repletas de mistério, já que eles não conseguem ver como suas respostas produzem a pontuação. O algoritmo de pontuação é escondido. Algumas outras ADMs podem não preencher os pré-requisitos de escala. Elas não são enormes, pelo menos não ainda. Mas representam espécies perigosas prontas para ganharem corpo, talvez de forma exponencial. Então as incluo. E, por fim, você poderá notar que nem todas essas ADMs são danosas universalmente. Afinal de contas, elas podem enviar pessoas à Harvard, arranjar-lhes empréstimos baratos ou bons empregos, e reduzir tempo de prisão de alguns réus sortudos. Mas a questão não é se alguém se sairá beneficiado. É que fazem muitos sofrer. Esses modelos, movidos por algoritmos, fecham portas na cara de milhões de pessoas, muitas vezes pelas mais frágeis das razões, e não oferecem recurso ou apelação. São injustos.

E aqui vai mais uma coisa a respeito de algoritmos: eles podem pular de uma área a outra, e muitas vezes o fazem. Pesquisa em epidemiologia pode gerar compreensões para previsão de bilheteria; filtros de spam estão sendo reorganizados para identificar o vírus da AIDS. Isso é verdadeiro para ADMs também. Então se modelos matemáticos em presídios parecerem estar fazendo um bom trabalho — o que na verdade não passa de gerenciar pessoas de modo eficaz — eles podem se espalhar para o resto da economia junto de outras ADMs, nos deixando como dano colateral.

Esse é o meu argumento. Essa ameaça está crescendo. E o mundo das finanças nos proporciona uma história para servir de lição.

ABALO CHOCANTE (ou: TRAUMA PÓS-GUERRA)
Minha Jornada de Desilusão

Imagine que você tem uma rotina. Todas as manhãs, antes de pegar o trem desde Joliet até a estação de LaSalle Street em Chicago, você coloca $2 na máquina de café. Ela devolve duas moedas de 25 centavos e um copo cheio. Mas um dia ela devolve quatro moedas de 25. Por três vezes no mês seguinte a máquina entrega o mesmo resultado. Um padrão está se formando.

Agora, se essa fosse uma pequena anomalia nos mercados financeiros, e não num trem matinal, um analista quantitativo de um fundo multimercado — alguém como eu — poderia se concentrar nela. Isso envolveria analisar anos de dados, mesmo décadas, e daí treinar um algoritmo para prever esse erro recorrente em particular — uma diferença de cinquenta centavos no preço — e colocar apostas nele. Mesmo os menores padrões podem trazer milhões ao primeiro investidor que os descobrir. E irão permanecer dando lucro até que uma de duas coisas aconteça: ou o fenômeno chega ao fim, ou então o resto do mercado o acompanha e a oportunidade desaparece. Nesse ponto, um bom analista estará bem próximo de encontrar dezenas de outros pequenos defeitos.

A busca pelo que os analistas chamam de ineficiências de mercado é como uma caça ao tesouro. Pode ser divertido. E conforme me acostumava ao meu novo emprego no D.E. Shaw, o fundo multimercado, descobri ser uma mudança bem-vinda do mundo acadêmico. Embora eu tivesse amado dar aulas em Bernard, e amado também minha pesquisa sobre teoria algébrica dos números, sentia que os avanços eram dolorosamente lentos. Eu queria fazer parte do ritmo acelerado do mundo real.

Àquele ponto, eu considerava os fundos multimercado como moralmente neutros — como carniceiros no sistema financeiro, no pior dos casos. Estava orgulhosa de me juntar ao Shaw, conhecido como a Harvard dos fundos de investimento, e mostrar às pessoas que minha inteligência podia se traduzir em dinheiro. Ademais, eu ganharia três vezes mais do que ganhava como professora. Eu dificilmente poderia imaginar, conforme comecei no novo emprego, que ele me daria uma cadeira na primeira fileira durante a crise financeira de 2008 e um tutorial aterrador de quão destrutiva e traiçoeira a matemática podia ser. No fundo de investimentos, dei minha primeira olhada de perto numa ADM.

De início, muito era agradável. Tudo no Shaw era movido a matemática. Em muitas firmas os traders comandam o espetáculo, fechando grandes acordos, vociferando ordens e ganhando bônus multimilionários. Os analistas quantitativos são seus subordinados. Mas no Shaw os traders não passam de funcionários comuns. Eles são chamados de executores. E os matemáticos reinam. Minha equipe de dez pessoas era o "grupo de futuros". Em um negócio em que tudo depende do que irá acontecer no dia seguinte, o que poderia ser maior que isso?

Tínhamos no total cerca de 50 analistas quantitativos. Nos primórdios eram somente homens, fora eu. A maioria deles nascida em outro país. Muitos tinham vindo da matemática abstrata ou Física; alguns poucos, como eu, vinham da teoria dos números. Porém, não tive muitas oportunidades de falar sobre trabalhos acadêmicos com eles. Já que nossas ideias e algoritmos eram a base do negócio do fundo de investimentos, era claro que os analistas também representavam um risco: se pedíssemos demissão poderíamos rapidamente usar nosso conhecimento para abastecer um concorrente feroz.

Para impedir que isso acontecesse em grande escala e que ameaçasse o negócio, o Shaw sobretudo nos proibia de conversar com nossos pares de outros grupos — ou às vezes até com colegas de escritório — sobre o que estávamos fazendo. De certo modo, a informação era compartimentada numa estrutura de células em rede, não tão diferente da Al-Qaeda. Desse jeito, se uma desabasse — se um de nós passasse para o J.P. Morgan ou Bridgewater, ou zarpasse sozinho — levaríamos conosco somente nosso próprio conhecimento. O resto do negócio do Shaw seguiria intocado. Como se pode imaginar, isso não era muito bom para a camaradagem.

Recém-chegados eram obrigados a fazer plantão a cada treze semanas no grupo de futuros. Isso significava estarem prontos para responder a problemas de computador sempre que algum dos mercados do mundo estivesse aberto, do final de tarde de domingo nos EUA, quando os mercados asiáticos estavam acordando, ao sinal de fechamento de Nova Iorque às 4 da tarde na sexta-

-feira. Privação de sono era um problema. Mas pior ainda era a falta de capacidade de responder a questões num escritório que não compartilhava informações. Digamos que um algoritmo parecia estar se portando mal. Eu precisaria localizá-lo e então encontrar a pessoa responsável, a qualquer hora do dia ou noite, e dizer a ele (e era sempre um ele) para consertá-lo. Nem sempre era um encontro amigável.

E havia o pânico. Em feriados, quando menos pessoas estavam trabalhando, coisas estranhas tendiam a acontecer. Tínhamos todo tipo de coisas em nosso enorme portfólio, incluindo contratos cambiais, que eram promessas de comprar grandes quantias de moeda estrangeira em alguns dias. Ao invés de realmente comprar a moeda estrangeira, porém, um trader iria "rolar" a posição a cada dia, de modo a postergar a promessa para mais um dia. Dessa forma, nossa aposta na direção do mercado se manteria, mas nunca precisávamos gastar rios de dinheiro. Uma vez, no Natal, notei uma posição expressiva em iene japonês que estava vencendo. Alguém precisaria rolar aquele contrato. Esse era um trabalho normalmente feito por um colega na Europa, que devia estar com sua família em casa. Vi que caso não acontecesse logo, alguém teoricamente teria de aparecer em Tóquio com 50 milhões de dólares em ienes. Corrigir esse problema tornou o feriado um tanto mais frenético.

Todos esses problemas poderiam entrar na categoria de risco ocupacional. Mas o problema verdadeiro veio de uma sensação desagradável que comecei a ter no estômago. Havia me habituado a agir nesses oceanos de moedas, bonds e títulos, os trilhões de dólares fluindo através do mercado global. Mas ao contrário dos números de meus modelos acadêmicos, os valores dos modelos no fundo multimercado representavam algo. Eram os fundos de aposentadoria e hipotecas das pessoas. Em retrospectiva, isso soa mais do que evidente. E, é claro, eu sabia disso o tempo todo, mas não havia verdadeiramente reconhecido a natureza dos cinco, dez, vinte e cinco centavos que arrancávamos com nossas ferramentas matemáticas. Não era dinheiro achado, como pepitas de um jazigo ou moedas de um galeão espanhol naufragado. Essa riqueza vinha do bolso das pessoas. Para os fundos multimercado, os mais convencidos agentes de Wall Street, isso era "dinheiro de burro".

Foi quando os mercados desabaram em 2008 que a horrenda verdade bateu para valer. Pior que afanar dinheiro de burro das contas das pessoas, a indústria financeira estava no negócio de criar ADMs, e eu cumpria um pequeno papel.

Os problemas na verdade haviam começado um ano antes. Em julho de 2007, as taxas de juros "interbancários" tiveram um pico. Depois da recessão que se seguiu aos ataques terroristas de 2001, taxas baixas de juros haviam fomentado um boom imobiliário. Qualquer pessoa, ao que parecia, conseguia financiamento. As construtoras transformavam áreas desertas, periféricas e semirrurais em enormes empreendimentos habitacionais, e os bancos arriscavam bilhões em todo tipo de instrumento financeiro ligado à prosperidade imobiliária.

Mas essas crescentes taxas de juros indicavam encrenca. Os bancos perdiam confiança na capacidade uns dos outros de pagarem empréstimos overnight. Estavam aos poucos tendo de lidar com o lixo perigoso que mantinham em seus próprios portfólios e se deram conta, sensatamente, que os demais também estavam sentados sobre o mesmo risco, se não maior. Olhando para trás, poderia se dizer que o pico na taxa de juros era na verdade um sinal de sanidade, apesar de obviamente ter vindo tarde demais.

No Shaw, essas perturbações abrandaram um pouco os ânimos. Era claro que muitas empresas passariam dificuldades. A indústria tomaria um baque, talvez um bem grande. Mas ainda assim, talvez não fosse problema nosso. Não mergulhamos de cabeça em mercados arriscados. Fundos multimercado, afinal de contas, trabalham com vários mercados e têm cobertura. Era da nossa natureza. De início, chamamos a turbulência no mercado de "barulho". Para o Shaw, poderia causar algum desconforto, talvez até um ou dois episódios embaraçosos, como quando o cartão de crédito de um homem rico é negado num restaurante. Mas havia uma boa chance de que ficássemos bem.

Fundos multimercado, afinal, não criavam esses mercados. Apenas agiam neles. Isso significava que quando um mercado quebrava, como acontecia, oportunidades valiosas surgiam dos destroços. A jogada dos fundos não era tanto levantar os mercados, mas prever os movimentos dentro deles. As baixas poderiam ser tão lucrativas quanto.

Para entender como fundos multimercado operam nas margens, imagine uma final de campeonato de beisebol no Wrigley Field, casa dos Chicago Cubs. Com um home run dramático no fim da nona entrada, os Cubs vencem seu primeiro campeonato desde 1908, quando Teddy Roosevelt era presidente. O estádio explode em comemoração. Mas uma única fileira de fãs permanece sentada, discretamente analisando múltiplos resultados. Esses apostadores não fazem as tradicionais apostas em quem ganha ou perde. Em vez disso, podem ter apostado que os arremessadores reservas dos Yankees dariam mais walks, isto é, jogar a bola fora, que strikeouts, eliminar o rebatedor; que o jogo teria ao menos um bunt de sacrifício mas não mais que dois; ou que o arremessador titular dos Cubs duraria ao menos seis entradas. Eles apostam até se outros apostadores terão ou não acertado suas apostas. Essas pessoas colocam dinheiro em muitos movimentos associados ao jogo, mas não tanto no jogo em si. Nisso, comportam-se como fundos multimercado.

Isso nos fazia sentir seguros, ou pelo menos mais seguros. Lembro-me de uma festa de gala de celebração aos arquitetos do sistema que logo quebraria. A empresa recebeu Alan Greenspan, ex-presidente do Fed, o Banco Central norte-americano, e Robert Rubin, ex-Secretário do Tesouro e executivo do Goldman Sachs. Em 1999, Rubin havia pressionado por uma revisão da Lei Glass-Steagall, da época da Grande Depressão. Isso removera a parede de vidro entre o sistema bancário e as operações de investimento, o que facilitou a orgia especulativa da década seguinte. Os bancos estavam livres para originar empréstimos (muitos dos quais fraudulentos) e vendê-los aos clientes na forma de títulos. Isso não era tão incomum e poderia ser considerado como um serviço prestado aos clientes. No entanto, agora que a Glass-Steagall era passado, os bancos podiam, e às vezes faziam, apostar contra os próprios títulos que haviam vendido aos clientes. Isso criou montanhas de risco — um potencial infinito de investimentos para fundos multimercado. Colocamos nossas apostas, afinal, nos movimentos de mercado, queda ou subida, e esses mercados eram frenéticos.

No evento do D.E. Shaw, Greenspan nos alertou sobre problemas em títulos garantidos em hipoteca, ou securities. Essa lembrança me incomodou quando anos depois me dei conta que ele, na época trabalhando para o Citigroup, havia sido fundamental em reunir um portfólio imenso desses mesmos contratos tóxicos — motivo principal pelo qual o Citigroup seria depois salvo às custas do cidadão pagador de impostos.

Sentado à mesa com esses dois estava Larry Summers, o protegido de Rubin e nosso sócio. Ele havia seguido Rubin no Tesouro e depois passado a servir como reitor da Universidade de Harvard. Summers teve problemas com o corpo docente, no entanto. Professores se levantaram contra ele em parte porque ele sugeriu que os baixos números de mulheres na matemática e ciências exatas poderia ter motivo de inferioridade genética — o que ele chamou de distribuição desigual de "aptidão intrínseca".

Depois de Summers deixar a reitoria de Harvard, chegou ao Shaw. E me lembro que quando veio o momento de nosso fundador, David Shaw, dirigir-se ao trio de prestígio, ele brincou que a passagem de Summers de Harvard para o Shaw havia sido uma "promoção". Os mercados poderiam estar retumbantes, mas o Shaw ainda estava no topo do mundo.

Mas quando a crise se aprofundou os sócios do Shaw perderem um pouco do gingado. Mercados turbulentos, afinal, estavam entrelaçados. Por exemplo, rumores já circulavam a respeito da vulnerabilidade do Lehman Brothers, que era dono de 20% do D.E. Shaw e realizava muitas de nossas transações. Conforme os mercados continuavam a chacoalhar, o clima interno era de mau humor. Podíamos fazer operações complexas com números com os melhores dos melhores. Mas e se o assustador amanhã no horizonte não se assemelhasse a nada no passado? E se fosse algo totalmente novo e diferente?

Isso era uma preocupação, porque modelos matemáticos, por natureza, são baseados no passado, e no pressuposto que padrões irão se repetir. Sem demora, o grupo de títulos equities liquidou sua posição a um custo substancial. E a farra de contratações de novos analistas quantitativos, que havia me trazido à empresa, chegou ao fim. Apesar das pessoas tentarem levar na brincadeira esse novo clima, havia um medo crescente. Todos os olhos estavam voltados aos produtos titularizados, especialmente os títulos garantidos em hipoteca sobre os quais Greenspan havia nos alertado.

Por décadas, títulos de hipoteca haviam sido o oposto de assustadores. Eles eram instrumentos financeiros de empréstimo que tanto indivíduos como fundos de investimento usavam para diversificar seus portfólios. A ideia por trás deles era que o volume compensava o risco. Cada hipoteca individual tinha potencial para inadimplência: o proprietário da casa poderia declarar falência, o que significava que o banco nunca seria capaz de recuperar todo o dinheiro que havia emprestado. No outro extremo, o tomador de empréstimo poderia pagar a hipoteca antes do prazo, interrompendo o fluxo de pagamentos de juros.

E assim, na década de 1980, banqueiros de investimentos começaram a comprar milhares de hipotecas e empacotá-las em securities — uma espécie de bond ou título de dívida, um instrumento que paga dividendos regularmente, normalmente em intervalos trimestrais. Alguns poucos proprietários de casas seriam inadimplentes, é claro. Mas a maioria das pessoas manteria-se firme pagando suas hipotecas, gerando um fluxo de receita uniforme e estável. Com o tempo, esses títulos se transformaram numa verdadeira indústria, um pilar do mercado de capitais. Os experts agruparam as hipotecas em diferentes classes, ou parcelas. Algumas eram consideradas muito robustas. Outras carregavam mais risco — e maiores taxas de juros. Os investidores tinham motivos para se sentirem confiantes porque as agências de classificação de risco, Standard & Poor's, Moody's, e Fitch, haviam estudado as securities e as avaliado.

Eram considerados investimentos sensatos. Mas leve em conta a opacidade. Os investidores permaneciam cegos sobre a qualidade das hipotecas nesses títulos. O único vislumbre do que havia lá dentro vinha dos analistas de risco. E esses analistas eram remunerados pelas mesmas empresas cujos produtos eles avaliavam. Títulos securities garantidos em hipoteca, desnecessário dizer, eram uma plataforma ideal para fraude.

Se quiser uma metáfora, uma normalmente usada nessa área são as salsichas. Pense nas hipotecas como pequenos pedaços de carne de qualidade variada, e pense nos títulos securities como pacotes de salsicha resultantes da mistura desses pedaços com vários temperos fortes. É claro, salsichas podem variar em qualidade, e é difícil dizer de fora o que foi colocado dentro delas, mas desde que tenham um adesivo da agência de vigilância sanitária dizendo que é seguro comer, nossas preocupações são colocadas de lado.

Como o mundo veria depois, empresas de hipoteca estavam tendo lucros fartos durante o boom ao emprestar dinheiro para pessoas comprarem casas que não poderiam pagar. A estratégia era simplesmente compor hipotecas insustentáveis, subir as taxas, e então se desfazer dos títulos resultantes — as salsichas — no pujante mercado hipotecário de securities. Em um caso notório, um colhedor de morangos chamado Alberto Ramirez, que ganhava 14 mil dólares ao ano, conseguiu financiamento para uma casa no valor de 720 mil em Rancho Grande, Califórnia. Seu corretor, ao que parece, disse que Ramirez poderia refinanciar em poucos meses e depois repassar a casa e conseguir um pequeno lucro. Meses depois, ele não conseguiu pagar o empréstimo e tornou-se inadimplente.

Nas vésperas do colapso imobiliário, os bancos de hipoteca estavam oferecendo não somente acordos insustentáveis mas ativamente sondando vítimas em bairros pobres e de minorias. Em uma ação judicial federal, oficiais de Baltimore acusaram o Wells Fargo de mirar em bairros negros para os assim chamados empréstimos de gueto. A unidade de "mercados emergentes" do banco, de acordo com uma ex-dirigente de empréstimos bancários, Beth Jacobson, focava em igrejas negras. A ideia era que pastores de confiança guiariam seus congregados a pedir empréstimos. Estes acabaram por ser empréstimos subprime portando as mais altas taxas de juros. O banco os vendia até mesmo para tomadores de boa reputação, que deveriam ter sido qualificados para empréstimos com termos muito melhores. Quando Baltimore entrou com o processo, em 2009, mais de metade das propriedades sujeitas a execução de hipoteca com empréstimos do Wells Fargo estavam vazias, e 71% delas em bairros majoritariamente afro-americanos. (Em 2012, o Wells Fargo fechou um acordo em que concordava pagar US$175 milhões a 30 mil vítimas de todo o país.)

Para ficar claro, as hipotecas subprime que se amontoaram no boom imobiliário, quer de colhedores de morango na Califórnia ou congregados de baixa renda em Baltimore, não eram ADMs. Eram instrumentos financeiros, não modelos, e pouco tinham a ver com matemática. (Na verdade, os corretores faziam um esforço enorme para ignorar números inconvenientes.)

Mas quando os bancos passaram a carregar hipotecas como a de Alberto Ramirez em categorias de securities e vendê-las, eles estavam confiando em modelos matemáticos defeituosos para fazê-lo. O modelo de risco ligado às securities garantidas em hipotecas era uma ADM. Os bancos sabiam que algumas das hipotecas seriam inadimplentes. Mas os bancos se apoiaram em duas premissas falsas, o que manteve sua confiança no sistema.

A primeira premissa falsa era que os "matemáticos de brechas" em todas essas empresas estavam analisando os números e muito cuidadosamente equilibrando os riscos. Os bonds eram vendidos como produtos cujo risco era avaliado por especialistas usando algoritmos de ponta. Infelizmente, este não era o caso. Assim como muitas ADMs, a matemática era direcionada ao consumidor como uma cortina de fumaça. Seu propósito era somente otimizar os lucros de curto prazo dos vendedores. E esses vendedores confiavam que conseguiriam se desfazer das securities antes delas explodirem. Pessoas inteligentes ganhariam. E pessoas mais burras, os provedores de dinheiro de burro, acabariam com bilhões (ou trilhões) em dívidas impagáveis. Mesmo matemáticos rigorosos — e havia alguns — estavam trabalhando com números fornecidos por pessoas cometendo fraude em larga escala. Pouquíssimas pessoas tinham a expertise e as informações necessárias para saber o que realmente estava acontecendo estatisticamente, e a maior parte das que sabiam careciam de integridade para se pronunciar. As classificações de risco dos títulos securities eram feitas de forma opaca e matematicamente intimidantes, em parte para que os compradores não percebessem o verdadeiro nível de risco associado aos contratos que possuíam.

 A segunda falsa premissa era a de que poucas pessoas ficariam inadimplentes ao mesmo tempo. Isso se baseava na teoria, tão logo refutada, que inadimplência era em grande medida um evento aleatório e independente. Isso levou à crença de que hipotecas robustas compensariam as perdedoras em cada parcela. Os modelos de risco estavam supondo que o futuro não seria diferente do passado.

Para venderem esses bonds garantidos em hipoteca, os bancos precisavam de classificações AAA, as de mais alta qualidade. Para tanto, recorreram às agências de classificação de risco. Conforme o mercado se expandia, classificar o mercado bilionário de títulos de hipoteca tornou-se um grande negócio para as agências, gerando comissões lucrativas. Viciaram-se nessas comissões. E entendiam perfeitamente bem que se dessem qualquer coisa menor que uma classificação AAA, os bancos levariam o trabalho aos concorrentes. E assim as agências entraram no jogo. Prestaram mais atenção à satisfação do cliente do que na precisão de seus modelos. Esses modelos de risco também criaram seus próprios ciclos nocivos de feedback. As classificações AAA em produtos defeituosos convertiam-se em dólares. Os dólares por sua vez criavam confiança nos produtos e no processo de trapaças e mentiras que os produziam. O ciclo resultante de mútuas coçadas de costas e bolsos cheios foi como todo o negócio sórdido operou até explodir.

Dentre todas as qualidades das ADMs, aquela que tornou esses modelos de risco uma força monstruosa de dimensão global foi a escala. Trapaceiros e vendedores de gato por lebre, é claro, sempre existiram, e em bolhas imobiliárias reais anteriores compradores descuidados terminaram com pantanais e pilhas de escrituras falsas. Mas desta vez o poder da computação moderna impulsionou as fraudes em escala historicamente inigualável. O dano foi combinado com outros vastos mercados que haviam crescido no entorno dos títulos de hipoteca: trocas de crédito de inadimplência (credit default swaps) e obrigações sintéticas de dívida garantida (synthetic collateralized debt obligations), ou CDOs. Os swaps de inadimplência eram pequenas apólices de seguro que transferiam o risco de um título. Os swaps davam a bancos e fundos, de igual modo, um senso de segurança, já que poderiam supostamente usá-los para equilibrar os riscos. Mas se as entidades que detinham essas apólices afundassem, como muitas fizeram, a reação em cadeia faria furos em toda a economia global. Os CDOs sintéticos iam um passo além: eram contratos cujo valor dependia da performance dos swaps e dos títulos de hipoteca. Eles permitiam que engenheiros financeiros alavancassem suas apostas ainda mais.

O superaquecido (e depois colapsado) mercado continha US$ 3 trilhões de hipotecas subprime até 2007, e o mercado em volta — incluindo swaps de crédito e CDOs sintéticos, que ampliavam os riscos — era vinte vezes maior. Nenhuma economia nacional sequer era equiparável.

Paradoxalmente, os algoritmos supostamente poderosos que criaram o mercado, os que analizaram o risco em parcelas de dívidas e as classificou em títulos securities, acabaram sendo inúteis quando veio a hora de limpar a bagunça e calcular o valor real daqueles papéis. A matemática podia multiplicar a asneira, mas não decifrá-la. Isso era trabalho para seres humanos. Somente pessoas poderiam peneirar as hipotecas, selecionando as falsas promessas e ilusões e colocando valores verdadeiros em dólar sobre os empréstimos. Era um processo trabalhoso, porque pessoas — ao contrário de ADMs — não conseguem escalar seu trabalho de forma exponencial, e para boa parte da indústria era algo de baixa prioridade. Durante o longo detox, é claro, o valor da dívida — e das casas das quais ela dependia — continuou caindo. E conforme a economia mergulhava de nariz para baixo, mesmo os proprietários de casas que conseguiam bancar suas hipotecas quando a crise começou de repente também estavam sob risco de inadimplência.

Como mencionei, o Shaw estava um ou dois passos fora do epicentro do colapso do mercado. Mas conforme outros agentes começaram a falir, eles estavam freneticamente desfazendo acordos que afetavam os que tínhamos em nossas contas. Houve um efeito cascata, e conforme entramos na segunda metade de 2008 passamos a perder dinheiro a torto e a direito.

Nos meses seguintes, o desastre finalmente atingiu o mainstream. Foi quando todo mundo finalmente pôde ver as pessoas do outro lado dos algoritmos. Eram proprietários desesperados perdendo suas casas e milhões de americanos perdendo seus empregos. A inadimplência do cartão de crédito atingiu níveis recordes. O sofrimento humano, que havia sido escondido atrás dos números, planilhas e escores de risco havia se tornado palpável.

O falatório no Shaw era de apreensão. Depois da queda do Lehman Brothers em setembro de 2008, as pessoas discutiam a repercussão política. Parecia provável que Barack Obama fosse vencer as eleições em novembro. Ele forçaria novas normas ao mercado? Aumentar impostos em juros incorridos? Essas pessoas não estavam perdendo suas casas ou chegando ao limite do cartão de crédito só para não afundar. Mas, da mesma forma, elas tinham muito com o que se preocupar. A única escolha era esperar, deixar os lobistas fazerem seu trabalho, e ver se nos seria permitido continuar como de costume.

Em 2009, estava claro que as lições do colapso financeiro não haviam dado nenhuma direção nova ao mundo das finanças, e tampouco suscitado novos valores. Os lobistas haviam vencido e, em grande parte, o jogo permanecia o mesmo: atrair dinheiro de burro. Exceto por algumas regulamentações que colocaram algumas poucas barreiras no caminho, a vida seguiu em frente.

Esse drama me levou rapidamente adiante na minha jornada de desilusão. Estava especialmente decepcionada pelo papel que a matemática havia desempenhado. Fui forçada a confrontar a verdade nua e crua: pessoas haviam de forma deliberada brandido fórmulas para impressionar ao invés de esclarecer. Foi a primeira vez que eu havia sido confrontada com esse conceito tóxico, e ele me fez querer escapar, voltar no tempo para o mundo das comprovações e Cubos Mágicos.

E assim deixei o fundo multimercado em 2009 com a convicção de que eu trabalharia para consertar as ADMs financeiras. Novas regulamentações estavam forçando os bancos a contratar peritos independentes para analisar seus riscos. Fui trabalhar para uma das empresas que forneciam essas análises, o RiskMetrics Group, um quarteirão ao norte de Wall Street. Nosso produto era uma nevasca de números, cada qual prevendo as chances de uma certa parcela de securities ou commodities se desfazer dentro da próxima semana, ano ou próximos cinco anos. Quando todos estão apostando em qualquer coisa que se mova no mercado, uma leitura inteligente do risco vale ouro.

Para calcular o risco, nossa equipe empregava o método Monte Carlo. Para entendê-lo, imagine rodar a roleta de um cassino dez mil vezes, fazendo anotações cuidadosas o tempo todo. Usando o Monte Carlo, você normalmente começaria com dados históricos do mercado e simularia milhares de cenários de teste. Como o portfólio que estamos estudando se sairia em cada dia de negociações desde 2010, ou 2005? Ele sobreviveria aos dias mais sombrios do colapso? Quais as chances de uma ameaça mortal surgir nos próximos anos? Para encontrar essas probabilidades, os cientistas rodam milhares e milhares de simulações. Havia muito sobre o que se queixar desse método, mas era uma forma simples de ter algum controle sobre nossos riscos.

Meu trabalho era servir de ligação entre nosso negócio de gerenciamento de riscos e os maiores e mais exigentes conhecedores do tema, os fundos multimercado quantitativos. Eu ligava para os fundos, ou eles ligavam para mim, e discutíamos quaisquer dúvidas que eles tinham acerca dos nossos números. Muitas vezes, porém, eles me notificavam somente quando havíamos cometido um erro. O fato era que os fundos sempre se consideraram os mais espertos dos espertos, e já que entender de risco era fundamental para sua existência, eles jamais iriam confiar inteiramente em pessoas de fora como nós. Eles tinham suas próprias equipes de risco, e compravam nosso produto sobretudo para ter uma boa imagem com os investidores.

Eu também atendia à linha direta e às vezes me via respondendo perguntas de clientes em grandes bancos. Ávidos em consertar suas imagens laceradas, eles queriam ser vistos como responsáveis e, antes de tudo, era por isso que ligavam. Mas, ao contrário dos fundos, eles mostravam pouco interesse em nossas análises. O risco em seus portfólios era algo que pareciam quase ignorar. Durante meu período na linha direta, tive a sensação de que as pessoas alertando sobre riscos eram vistas como desmancha-prazeres ou, pior, uma ameaça aos resultados dos bancos. Isso era verdade mesmo depois do colapso cataclísmico de 2008, e não é difícil entender o porquê. Se sobreviveram àquele — porque eram grandes demais para cair — por que haveriam de se preocupar com risco do portfólio agora?

A recusa em tomar conhecimento dos riscos vai fundo no mundo financeiro. A cultura de Wall Street é definida por seus traders, e risco é algo que eles ativamente buscam menosprezar. Isso é resultado da forma pela qual definimos as proezas de um trader, nomeadamente seu "índice Sharpe", que é calculado pelos lucros gerados divididos pelo risco em seu portfólio. Esse índice é crucial para a carreira de um trader, para seu bônus anual e sua própria razão de ser. Se você decompuser esses traders em partes e considerá-los como um conjunto de algoritmos, esses algoritmos estarão incansavelmente focados em otimizar o índice Sharpe. Idealmente irá subir, ou ao menos nunca cair demais. Então se um dos relatórios de risco nos swaps de crédito aumentar o cálculo de risco em um dos títulos ou ações principais de um trader, seu índice Sharpe tombaria. Isso poderia custar-lhe centenas de milhares de dólares quando viesse a hora de definir seu bônus de fim de ano.

Logo me dei conta que estava no ramo de carimbos e aprovações automáticas. Em 2011 era hora de mudar outra vez, e vi um mercado crescente para matemáticos como eu. No tempo em que levei para digitar três palavras no meu currículo, eu era uma recém-proclamada Cientista de Dados, pronta para mergulhar na economia da Internet. Consegui um trabalho em uma startup de Nova Iorque chamada Intent Media.

Comecei criando modelos para antecipar o comportamento de visitantes em diversos sites de viagens. A questão crucial era se alguém passando pelo site da Expedia estava só navegando ou pretendendo gastar dinheiro. Aqueles que não planejavam comprar tinham muito pouco valor em receita potencial. Então nós mostrávamos anúncios comparativos de serviços concorrentes como o Travelocity ou Orbitz. Se clicassem no anúncio, ganhávamos alguns centavos, o que era melhor que nada. Mas não queríamos exibir esses anúncios a compradores em potencial. No pior cenário, ganharíamos uma moeda em receita de anúncios enquanto mandávamos clientes em potencial aos rivais, onde talvez gastassem milhares de dólares em quartos de hotel de Londres ou Tóquio. Levaria milhares de visualizações de anúncios para compensar até mesmo algumas centenas de dólares em taxas perdidas. Então era crucial mantê-los conosco.

Meu desafio era conceber um algoritmo que distinguiria compradores de visitantes de vitrine. Havia alguns sinais óbvios. Eles estavam logados na plataforma? Já haviam comprado lá antes? Também vasculhei por outras dicas. Qual era o horário do dia, e que dia do ano? Certas semanas são quentes para compradores. O feriado nacional do Memorial Day, por exemplo, ocorre no meio da Primavera, quando um grande número de pessoas faz os planos para o verão quase em uníssono. Meu algoritmo poria um valor maior em compradores durante esses períodos, já que havia mais chances de fazerem a compra.

O trabalho de estatística, como se viu, era altamente transferível do fundo multimercado para o e-commerce — a grande diferença era que, ao invés de prever os movimentos dos mercados, agora previa os cliques das pessoas.

Para dizer a verdade, eu via todo o tipo de paralelo entre finanças e Big Data. Ambos os segmentos devoram o mesmo pool de talentos, em sua maioria de universidades de elite como o MIT, Princeton ou Stanford. Esses novos contratados chegam sedentos por sucesso e têm se concentrado por toda a vida em métricas externas

— como a nota do SAT[i] e adesão universitária. Seja em finanças ou tecnologia, a mensagem que receberam é que se tornariam ricos e que comandariam o mundo. Sua produtividade indica que estão no caminho certo, e se traduz em dólares. Isso leva à conclusão falaciosa de que qualquer coisa que façam para trazer mais dinheiro é bom. "Agrega valor." Caso contrário, por que o mercado os recompensaria?

Em ambas as culturas, riqueza não é mais um meio de sobreviver. Se torna diretamente ligada ao valor individual. Um jovem de bairro nobre com todas as vantagens — escola particular, coaching para os testes de admissão da faculdade, um semestre de intercâmbio em Paris ou Shangai — ainda se gaba de que são suas competências, trabalho duro e habilidades extraordinárias de resolução de problemas que o içaram a um mundo de privilégios. O dinheiro vindica todas as dúvidas. E o resto do círculo dele entra no jogo, formando uma sociedade de admiração mútua. Eles estão ávidos para convencer a todos que o Darwinismo está funcionando ali, quando de fora se parece mais com uma combinação entre manipulação de um sistema e sorte silenciosa.

Em ambas as indústrias, o mundo real, com toda sua bagunça, fica de lado. A inclina-

---

i   O equivalente ao Enem norte-americano.

ção é de substituir pessoas por rastros de dados, transformando-as em compradores, eleitores ou trabalhadores mais eficientes, para otimizar algum objetivo. Isso é fácil de fazer — e de justificar — quando o sucesso volta na forma de uma pontuação anônima, e quando as pessoas afetadas permanecem tão abstratas quanto os números dançando pela tela.

Eu já escrevia no blog enquanto trabalhava com ciência de dados, e também estava me envolvendo mais com o movimento Occupy. Cada vez mais eu me preocupava com a separação entre modelos técnicos e pessoas reais, e com as repercussões morais dessa separação. Aliás, eu via surgir o mesmo padrão de que fui testemunha no mundo financeiro: uma sensação falsa de segurança estava levando ao uso generalizado de modelos imperfeitos, definições egoístas de sucesso e crescentes ciclos de feedback. Aqueles que se opunham eram tidos como ludistas nostálgicos.

Eu imaginei qual poderia ser o análogo da crise financeira no Big Data. Ao invés de uma falência, eu via uma crescente distopia, com aumento da desigualdade. Os algoritmos iriam garantir que aqueles considerados perdedores permanecessem dessa forma. Uma minoria sortuda ganharia ainda mais controle sobre a economia de dados, acumulando fortunas exorbitantes e convencendo-se de que eram merecedores durante todo o tempo.

Depois de alguns anos trabalhando e aprendendo no campo do Big Data, minha jornada de desilusão estava mais ou menos completa, e o uso indevido da matemática se acelerava. Apesar de blogar quase diariamente, eu mal conseguia me manter atualizada sobre todas as formas que ouvia falar de pessoas sendo manipuladas, controladas e intimidadas por algoritmos. Começou com professores que eu conhecia lutando contra o jugo do modelo de valor agregado, mas não parou aí. Genuinamente alarmada, larguei meu emprego para investigar a questão com seriedade.

CORRIDA ARMAMENTISTA
Indo à Universidade

Se você sair para jantar com amigos em determinadas cidades — São Francisco e Portland, para citar duas — provavelmente vai descobrir que rachar um prato é uma impossibilidade. Duas pessoas jamais irão comer a mesma coisa. Estão todos em dietas diferentes. Vão de vegana a vários tipos de Paleo, e são seguidas à risca (mesmo que por um ou dois meses). Agora imagine que um desses regimes, digamos, a dieta do homem das cavernas, se tornasse o padrão nacional: 330 milhões de pessoas, todas, seguissem seus ditames.

Os efeitos seriam dramáticos. De início, uma dieta única nacional desafiaria toda a economia agrícola. A demanda pelas carnes e queijos aprovados dispararia rapidamente, elevando os preços. Enquanto isso, os setores proibidos, como grãos de soja e batatas, passariam a mendigar. A diversidade murcharia. Fazendeiros de grãos em apuros transformariam seus campos para vacas e porcos, mesmo em terras inapropriadas. O gado adicional consumiria imensas quantidades de água. E, obviamente, uma dieta única faria muitos de nós extremamente infelizes.

O que uma dieta única nacional tem a ver com ADMs? A escala. Uma fórmula, quer seja uma dieta ou um código tributário, pode ser perfeitamente inofensiva em teoria. Mas se cresce para se tornar um padrão nacional ou global ela cria a sua própria economia distorcida e distópica. Isso foi o que ocorreu com a educação de nível superior.

A história começa em 1983. Foi o ano em que uma revista semanal em dificuldades, a U.S. News & World Report, decidiu empreender um projeto ambicioso. Iria avaliar 1.800 faculdades e universidades nos Estados Unidos e as classificar por excelência. Esta seria uma ferramenta útil que, se bem sucedida, iria ajudar a guiar milhões de jovens em sua primeira grande escolha de vida. Para muitos, essa única decisão os colocaria em um trajeto de carreira e os apresentaria a amigos de toda uma vida, muitas vezes incluindo um cônjuge. Além do mais, uma edição de ranking de faculdades, torciam os editores, poderia se tornar um sucesso de vendas. Talvez por uma só semana, a U.S. News fizesse frente a seus gigantes rivais, Time e Newsweek.

Mas que informações alimentariam esse novo ranking? No início, a equipe da U.S. News baseou as pontuações inteiramente nos resultados de pesquisas de opinião enviadas aos reitores das universidades. Stanford saiu-se como a melhor universidade do país, e Amherst a melhor faculdade de artes liberais. Mesmo que popular entre os leitores, as avaliações quase enlouqueceram muitos gestores universitários. Reclamações chegaram em peso à revista, dizendo que os rankings eram injustos. Muitos dos reitores, estudantes e ex-alunos insistiram merecer uma posição melhor no ranking. Tudo o que a revista precisava fazer era olhar os dados.

Nos anos seguintes, os editores da U.S. News tentaram descobrir o que poderia ser mensurado. É assim que muitos modelos se iniciam, com uma série de palpites. O processo não é científico e tem base escassa de análise estatística. Neste caso, eram apenas pessoas imaginando o que mais importava na educação, então descobrindo quais dessas variáveis poderiam contar, e finalmente decidindo quanto peso dar a cada uma delas na fórmula.

Na maioria das disciplinas, a análise que alimenta um modelo demandaria um rigor muito maior. Em agronomia, por exemplo, os pesquisadores podem comparar as entradas ou inputs — solo, luz solar, fertilizante — com as saídas ou outputs, que seriam aspectos específicos das colheitas resultantes. Poderiam, então, fazer experimentos e otimização de acordo com os objetivos, quer seja o preço, sabor ou valor nutricional. Isso não quer dizer que agrônomos não possam criar ADMs. Podem e fazem (especialmente quando deixam de considerar os amplos efeitos de longo prazo dos pesticidas). Mas porque seus modelos, na maior parte, são justamente focados em resultados claros, são ideais para experimentação científica.

Os jornalistas na U.S. News, porém, lidavam com "excelência educacional", um valor mais molenga do que o custo do milho ou os microgramas de proteína em cada grão. Eles não possuíam uma forma direta de quantificar quanto um processo de quatro anos afetaria um aluno em específico, muito menos dezenas de milhões deles. Não conseguiam mensurar aprendizagem, felicidade, confiança, amizade ou demais aspectos da experiência quadrienal de um estudante. O ensino superior ideal do presidente Lyndon Johnson — "uma forma de realização pessoal mais profunda, produtividade pessoal melhorada e recompensa pessoal aumentada" — não cabia no modelo deles.

Como alternativa escolheram proxies, indicadores aproximados ou substitutos, que pareciam ter correlação com sucesso. Examinaram as notas do SAT (o teste de aptidão escolar), a razão aluno/professor e as taxas de aprovação. Analisaram a porcentagem de calouros que chegaram ao segundo ano e a porcentagem daqueles que se formaram. Calcularam a porcentagem de ex-alunos ainda vivos que contribuíam com dinheiro para sua alma mater, supondo que se fizeram doações para uma universidade é porque valorizavam a educação fornecida ali. Três-quartos do ranking seria produzido por um algoritmo — uma opinião formalizada em código de programação — que incorporava esses proxies. Na quarta parte restante, incorporariam as considerações subjetivas de dirigentes universitários de todo o país.

O primeiro ranking orientado por dados da revista saiu em 1988, e os resultados pareciam sensatos. Entretanto, conforme o ranking cresceu até tornar-se padrão nacional, um ciclo vicioso de feedback se materializou. O problema era que os rankings reforçavam a si próprios. Se uma faculdade se saísse mal na U.S. News, perderia reputação, e as condições piorariam. Os melhores alunos a evitariam, assim como os melhores professores. Ex-alunos lamentariam e deixariam de fazer doações. O ranking, em suma, era sina.

No passado, gestores universitários possuíam as mais diversas formas de medir seu sucesso, muitas delas anedóticas. Os alunos elogiavam certos professores. Alguns formados seguiam para carreiras ilustres como diplomatas ou empreendedores. Outros publicavam romances premiados. Isso levava ao bom boca-a-boca, que impulsionava a reputação da universidade. Mas seria Macalester melhor que Reed ou Iowa que Illinois? Era difícil dizer. Faculdades eram como diferentes estilos de música, ou diferentes dietas. Havia espaço para opiniões diferentes, com bons argumentos de ambos os lados. Agora o vasto ecossistema de reputação de faculdades e universidades era ofuscado por uma única coluna de números.

Se observarmos este desenvolvimento da perspectiva do reitor de uma universidade, é na verdade bastante triste. Muitas dessas pessoas sem dúvida estimavam suas próprias experiências na universidade — parte da razão que as motivou a subir no meio acadêmico. E no entanto aqui estavam, no topo de suas carreiras, dedicando enorme energia a impulsionar a performance de quinze áreas distintas definidas por um grupo de jornalistas de uma revista de segunda categoria. Eram quase que alunos outra vez, tentando tirar boas notas de um capataz. Na realidade, estavam presos a um modelo rígido, uma ADM.

Se a lista da U.S. News tivesse tido sucesso moderado, não teria sido um problema. Mas em vez disso tornou-se um titã, rapidamente se estabelecendo como padrão nacional. Ela tem feito e amarrado nosso sistema educacional desde então, estabelecendo uma lista rígida de afazeres a gestores e alunos de igual modo. O ranking de universidades da revista possui grande escala, inflige dano abrangente, e gera uma espiral quase sem fim de ciclos destrutivos de feedback. Mesmo que não seja tão opaco quanto outros modelos, ainda se trata de uma autêntica e verdadeira ADM.

Alguns gestores se esforçaram desesperadamente para subir no ranking. A Baylor University pagou a taxa para que alunos já ingressos refizessem seus testes SAT, torcendo que fossem melhor da segunda vez — o que aumentaria o ranking da Baylor. Faculdades menores de elite, incluindo a Bucknell University na Pensilvânia e Claremont McKenna na Califórnia, enviaram dados falsos à U.S. News, inflando as notas de SAT de seus calouros. Iona College, em Nova Iorque, admitiu em 2011 que seus funcionários haviam exagerado os números acerca de praticamente tudo: notas de provas, porcentagens de admissão e graduação, retenção de calouros, razão aluno/docente e doação de ex-alunos. A mentira valeu a pena, ao menos por um tempo. A revista estimou que os dados falsos elevaram Iona da quinquagésima para a trigésima posição entre as faculdades locais do Nordeste.

A grande maioria dos gestores universitários buscou por formas menos flagrantes de melhorar no ranking. Ao invés de trapacear, trabalharam duro para melhorar cada métrica que compunha sua pontuação. Eles poderiam argumentar que esse era o uso mais eficiente dos recursos. Afinal, se trabalhassem para satisfazer o algoritmo da U.S. News, conseguiriam mais dinheiro, atrairiam alunos e professores mais brilhantes, e continuariam a subir na lista. Havia mesmo outra opção?

Robert Morse, que trabalha na revista desde 1976 e dirige os rankings universitários, afirmou em entrevistas que os rankings levaram as universidades a definir objetivos relevantes. Se elas conseguissem aumentar as taxas de conclusão de curso ou diminuir a quantidade de alunos por sala, isso era algo bom. A Educação se beneficiaria desse foco. Ele admitiu que os dados mais relevantes — aquilo que os alunos haviam aprendido em cada universidade — eram inacessíveis. Mas que o modelo da revista, construído com proxies, era a melhor coisa possível.

No entanto, quando se cria um modelo a partir de proxies, ele é muito mais simples de ser burlado. Isso porque os proxies são mais facilmente manipuláveis do que a realidade complexa que eles representam. Aqui vai um exemplo. Digamos que um website esteja buscando contratar um especialista em mídias sociais. Muitas pessoas se candidatam ao cargo, e enviam informações sobre as várias campanhas de marketing que comandaram. Mas o tempo que leva para encontrar e avaliar todo o trabalho deles é grande demais. Então a gerente de RH se decide por um proxy. Ela dá grande consideração aos candidatos com mais seguidores no Twitter. Este é um sinal de engajamento em mídias sociais, certo?

Bem, é um proxy razoável o bastante. Mas o que acontece quando essa informação vaza, e certamente irá vazar, de que juntar seguidores no Twitter é fundamental para conseguir um trabalho nessa empresa? Os candidatos farão todo o possível para fazer esse número aumentar. Alguns pagarão US$ 19,95 por um serviço de atração de seguidores, a maioria gerados por robôs. Conforme as pessoas burlam o sistema, o proxy perde sua efetividade. Os trapaceiros acabam sendo falsos positivos.

No caso dos rankings da U.S. News, todos os envolvidos, de ex-alunos e possíveis alunos a departamentos de recursos humanos, rapidamente aceitaram o ranking como uma medida de qualidade educacional. Então as universidades entraram no jogo. Elas se esforçaram para melhorar em cada uma das áreas medidas pelo ranking. Muitas, aliás, ficaram mais incomodadas pelos 25% do ranking sobre os quais não tinham controle — os pontos de reputação, que vinha dos questionários preenchidos pelos reitores.

Essa parte da análise, como qualquer coleção de opiniões humanas, certamente incluiria antigos preconceitos e ignorância. Ela tendia a proteger as faculdades famosas do topo da lista, porque eram as mais conhecidas, o que dificultava para as promissoras.

Em 2008, a Texas Christian University (TCU), de Fort Worth, estava caindo no ranking da revista. Sua posição, que havia sido a de número 97 três anos antes, havia caído para 105, 108, até atingir 113. Isso deixou ex-alunos e incentivadores inquietos, e colocou em maus lençóis o reitor Victor Boschini. "Essa situação é muito frustrante", ele disse no site de notícias do campus. Ele insistia que a TCU estava melhorando em todos os indicadores. "Nossa taxa de retenção está melhorando, nossa captação de recursos, tudo aquilo no que se baseiam."

Havia dois problemas com a análise de Boschini. Primeiro, o modelo do ranking da U.S. News não julgava as faculdades de forma isolada. Mesmo aquelas que melhoravam seus números ainda cairiam na lista se as demais avançassem de forma mais rápida. Em termos técnicos, o modelo graduava as faculdades em curva. Isso fomentou o equivalente a uma crescente corrida armamentista.

O outro problema era a pontuação reputacional, os 25% que a TCU não podia controlar. Raymond Brown, coordenador-geral de inscrições, notou que reputação era a variável de maior peso, "o que é um absurdo por ser totalmente subjetiva". Wes Waggoner, diretor de calouros, acrescentou que as universidades vendiam seu peixe umas às outras para aumentar a pontuação reputacional. "Recebo correspondências de outras faculdades tentando nos convencer de que são boas", disse Waggoner.

Apesar das queixas, a TCU empenhou-se em melhorar os 75% da pontuação que podia controlar. Afinal, se a pontuação aumentasse, sua reputação em algum momento a acompanharia. Com o tempo, seus pares iriam notar o progresso e dar notas maiores. O crucial era fazer tudo avançar na direção certa.

A TCU lançou uma campanha de arrecadação de fundos de US$ 250 milhões. O objetivo foi em muito superado e foram doados 434 milhões em 2009. Só isso melhorou a posição da TCU no ranking, já que arrecadação é uma das métricas. A universidade gastou boa parte desses recursos em melhorias no campus, incluindo 100 milhões nas vias verdes centrais e numa nova associação estudantil, num esforço de tornar a faculdade um destino mais atraente aos alunos. Ainda que não haja nada de errado, isso convenientemente alimenta o algoritmo da U.S. News. Quanto mais estudantes se candidatarem, mais seletiva a universidade pode ser.

Talvez mais importante, a TCU construiu instalações esportivas de última geração e despejou recursos em seu programa de futebol americano. Nos anos subsequentes, o time da TCU, Horned Frogs, tornou-se sensação nacional. Em 2010 foram invictos, vencendo Wisconsin no estádio Rose Bowl.

Esse sucesso permitiu à TCU se aproveitar do que é conhecido como "efeito Flutie". Em 1984, num dos jogos mais emocionantes da história do futebol americano universitário, Doug Flutie, o armador quarterback do Boston College, conseguiu completar um longo arremesso de último segundo, o "Ave Maria", para vencer a Universidade de Miami. Flutie tornou-se uma lenda. Em dois anos, o número de inscrições de Boston subiu 30%. O mesmo aumento ocorreu com a Universidade de Georgetown quando seu time de basquete, liderado por Patrick Ewing, jogou em três partidas do campeonato nacional. Programas esportivos de sucesso, no fim das contas, são a melhor forma de publicidade para alguns candidatos. Para legiões de alunos colegiais amantes de esportes vendo campeonatos universitários na TV, faculdades com bons times parecem interessantes. Os alunos têm orgulho de vestir o nome da faculdade. Pintam os rostos e celebram. As inscrições explodem. Com mais alunos se inscrevendo, os gestores podem aumentar a exigência, junto da nota de corte média das provas dos futuros calouros. Isso ajuda no ranking. E quanto mais inscritos a escola rejeita, menor (e para o ranking, melhor) é a taxa de aprovação.

A estratégia da TCU funcionou. Em 2013, foi a segunda universidade mais selecionada do Texas, perdendo apenas para a prestigiosa Rice University de Houston. Naquele mesmo ano, registrou as maiores notas de SAT e ACT da história. Seu ranking na lista da U.S. News subiu. Em 2015, chegou à posição de número 76, uma escalada de trinta e sete posições em apenas sete anos.

Apesar de minhas questões com o modelo da U.S. News e de seu status como uma ADM, é importante notar que essa subida dramática no ranking pode muito bem ter beneficiado a TCU enquanto universidade. Afinal, a maior parte dos proxies do modelo da revista refletem a qualidade geral da faculdade em algum grau, assim como muitas pessoas se beneficiam da dieta do homem das cavernas. O problema não é o modelo da U.S. News, mas sua larga escala. Ela força todos a mirarem nos exatos mesmos objetivos, o que cria um ambiente de concorrência feroz — e muitas consequências danosas acidentais.

Nos anos anteriores ao ranking, por exemplo, os futuros calouros podiam dormir um pouco melhor sabendo que haviam se inscrito numa assim chamada faculdade de segurança, aquela com padrões mais baixos de admissão. Se os alunos não conseguissem entrar em suas escolhas principais, incluindo as mais difíceis ou as de aposta sólida (as almejadas), eles conseguiriam uma formação muito boa na faculdade de segurança — e talvez até uma transferência para uma das opções principais depois de um ano ou dois.

O conceito de faculdade de segurança está agora quase extinto, graças em parte ao ranking da U.S. News. Como vimos no exemplo da TCU, ser seletivo ajuda no ranking. Se a secretaria de admissão é inundada com inscrições, é sinal de que as coisas ali vão muito bem. Diz algo sobre a reputação da faculdade. E se uma faculdade pode rejeitar a vasta maioria daqueles candidatos, provavelmente vai terminar com alunos de mais alto calibre. Como muitos dos proxies, essa métrica parece fazer sentido. Ela segue os movimentos de mercado.

Mas aquele mercado pode ser manipulado. Uma típica faculdade de segurança, por exemplo, pode analisar os dados de histórico e ver que apenas uma pequena fração dos melhores inscritos acabaram fazendo o curso ali. A maioria deles entrou nas faculdades almejadas sem precisar acionar o seguro. Com o objetivo de aumentar sua pontuação de seletividade, a faculdade de segurança agora pode rejeitar os candidatos excelentes que, de acordo com seu próprio algoritmo, têm menos chance de realizar matrícula. É um processo nada exato. E a universidade, apesar do trabalho dos cientistas de dados em sua secretaria de admissão, sem dúvida perde um certo número dos melhores estudantes que teriam escolhido cursar. Esses são os que descobrem, com desalento, que as chamadas faculdades de segurança não são mais apostas tão seguras.

Esse complicado processo não ajuda em nada a educação. A universidade pena. Perde os melhores estudantes — as estrelas que enriquecem a experiência de todos, incluindo professores. Na realidade, a antiga faculdade de segurança agora precisa alocar preciosos recursos financeiros para atrair algumas dessas estrelas. E isso pode significar menos dinheiro para os alunos que mais precisam.

<☠/>

Então chegamos à maior deficiência do ranking de universidades da U.S. News. Os proxies que os jornalistas escolheram para indicar excelência educacional fazem sentido no fim das contas. O fracasso espetacular vem, na verdade, do que escolheram não levar em conta: mensalidades e custos. O financiamento estudantil foi deixado de fora do modelo.

Isso nos leva à questão com a qual iremos nos confrontar vez após outra. Qual o objetivo do modelador? Neste caso, coloque-se no lugar dos editores da revista em 1988. Quando estavam criando o primeiro modelo estatístico, como saberiam quando estava funcionando? Bem, teria muito maior credibilidade de início caso refletisse a hierarquia estabelecida. Se Harvard, Stanford, Princeton e Yale ficassem no topo, pareceria validar o modelo, replicando o modelo informal que eles e seus leitores tinham em suas próprias cabeças. Para criar tal modelo, bastava que analisassem essas universidades de ponta e julgassem o que as fazia tão especiais. O que tinham em comum, em contraste com a faculdade de segurança da cidade vizinha? Bem, seus alunos tinham notas SATs estratosféricas e se formavam no tempo certo. Os ex-alunos eram ricos e despejavam dinheiro de volta nas universidades. Ao analisar as virtudes das universidades de renome, a equipe de classificação criou um critério de elite para mensurar excelência.

Agora, se incorporassem o custo da educação na fórmula, coisas estranhas podem acontecer com os resultados. Universidades baratas poderiam invadir a hierarquia de excelência. Isso poderia criar surpresas e semear dúvidas. O público poderia receber o ranking da revista como algo menos que a palavra de Deus. Era muito mais seguro começar com os campeões venerados no topo. É claro que custam caro. Mas talvez esse seja o custo da excelência.

Ao deixar os custos de fora da fórmula, era como se a U.S. News tivesse entregado um talão de cheques folheado a ouro aos reitores das universidades. Eles seguiam um mandamento para maximizar a performance em quinze áreas, e manter os custos baixos não era uma delas. Na realidade, se aumentassem os preços, teriam mais recursos para atender as áreas em que estavam sendo mensurados.

As mensalidades explodiram desde então. Entre 1985 e 2013, o custo do ensino superior cresceu mais de 500 por cento, quase quatro vezes o valor da inflação. Para atrair os melhores alunos, as faculdades, como vimos na TCU, passaram por um boom de reformas e construções, incluindo centros estudantis com paredes de vidro, dormitórios luxuosos e academias com paredes de escalada e banheiras de hidromassagem. Isso tudo seria maravilhoso para os alunos e poderia enriquecer suas experiências universitárias — se não estivessem pagando por isso eles próprios, na forma do empréstimo estudantil que os sobrecarregaria por décadas. Não podemos pôr a culpa dessa tendência totalmente nos rankings da U.S. News. Nossa sociedade inteira aceitou não somente a ideia de que o ensino superior é essencial, mas também a ideia de que uma formação oferecida por uma universidade altamente ranqueada pode catapultar um estudante a uma vida de poder e privilégio. A ADM da revista se alimentava dessas crenças, medos e neuroses. Ela criou incentivos poderosos que encorajavam gastos enquanto tapava os olhos para mensalidades e custos em explosão.

Conforme as universidades se posicionavam para escalar a lista da U.S. News, elas gerenciavam suas populações de alunos quase como um portfólio de investimentos. Veremos isso de modo frequente no mundo dos dados, da publicidade à política. Para gestores universitários, cada estudante em potencial representa uma série de ativos e um ou dois passivos de risco. Um ótimo atleta, por exemplo, é um ativo, mas pode vir com notas baixas ou uma classificação mediana de sala. Esses são os passivos. Ele também pode necessitar de ajuda financeira, outro passivo. Para equilibrar o portfólio, idealmente, eles teriam de encontrar outros candidatos que possam pagar em dia e ter notas altas nas provas. Mas esses candidatos ideais, depois de serem aceitos, podem escolher cursar uma outra universidade. É um risco, e que deve ser quantificado. Isso é assustadoramente complexo, e todo um mercado de consultoria foi erguido para "otimizar o recrutamento".

Noel-Levitz, uma empresa de consultoria educacional, oferece um pacote de análises de prognóstico chamado ForecastPlus, que permite a gestores ranquear os inscritos por localização geográfica, gênero, etnia, área de estudo, nível acadêmico ou "qualquer outra característica desejada". Outra consultoria, RightStudent, coleta e vende dados para ajudar as universidades a mirar nos candidatos mais promissores para recrutamento. Aí inclusos os alunos que podem pagar a mensalidade integral, bem como aqueles que podem ser elegíveis para bolsas de estudos externas. Para alguns deles, um transtorno de aprendizagem é uma vantagem.

Toda essa atividade acontece dentro de um vasto ecossistema ao redor do ranking da U.S. News, cujo modelo funciona como a lei de fato. Se os editores redistribuírem os pesos no modelo, dando menor importância às notas SAT, por exemplo, ou maior às taxas de alunos formados, o ecossistema educacional inteiro precisa se adaptar. Isso se estende desde as universidades até as consultorias, secretarias de orientação de colégios e, sim, os alunos.

Naturalmente, os próprios rankings são uma franquia em crescimento. A revista U.S. News & World Report, por muito tempo o único negócio da empresa, já fechou, deixando de ser impressa em 2010. Mas o business de avaliações continua crescendo, expandindo-se para escolas de medicina, odontologia e programas de graduação em artes liberais e engenharia. A U.S. News faz rankings até de colégios.

Conforme os rankings crescem, também crescem os esforços para burlá-los. Em um ranking de 2014 de universidades mundiais da U.S. News, o departamento de matemática da Universidade King Abdulaziz, da Arábia Saudita, ficou em sétimo lugar, logo atrás de Harvard. O departamento havia sido criado há apenas dois anos mas de algum modo saltou à frente de diversos gigantes do mundo da matemática, incluindo Cambridge e MIT.

À primeira vista, isso pode parecer uma evolução positiva. Talvez o MIT e Cambridge estivessem se escorando na própria fama enquanto um rebelde dedicado e trabalhador conquistou seu lugar na elite. Com um ranking puramente de reputação, tal reviravolta levaria décadas. Mas dados podem trazer surpresas à superfície rapidamente.

Algoritmos, porém, também podem ser burlados. Lior Pachter, um biólogo computacional de Berkeley, investigou o caso. Ele descobriu que a universidade saudita havia contratado uma série de matemáticos cujo trabalho era altamente citado e havia os oferecido US$ 72 mil para servirem como professores adjuntos. O acordo, segundo uma carta de recrutamento postada em seu blog, estipulava que os matemáticos tinham de trabalhar três semanas do ano na Arábia Saudita. A universidade pagaria voos em classe executiva e os colocaria em hotéis cinco-estrelas. É possível que o trabalho deles tenha dado valor local àquele país. Mas a universidade também exigiu que mudassem suas afiliações no site Thomson Reuters de citações acadêmicas, uma referência central dos rankings da U.S. News. Isso significava que a universidade saudita poderia reivindicar as publicações de seus novos professores-adjuntos para si própria. E como as citações acadêmicas eram um dos principais inputs do algoritmo, a Universidade King Abdulaziz disparou nos rankings.

<☠/>

Alunos da cidade chinesa de Zhongxiang tinham uma reputação de conseguir notas altas no exame nacional padronizado, o gaokao, e conquistar posições nas melhores universidades da China. Eles iam tão bem, na verdade, que as autoridades chinesas começaram a suspeitar de que estavam trapaceando. As suspeitas cresceram em 2012, de acordo com uma reportagem do britânico Telegraph, quando autoridades da província descobriram noventa e nove cópias idênticas de uma mesma prova.

No ano seguinte, quando alunos de Zhongxiang chegaram para fazer o exame, ficaram consternados ao serem dirigidos através de detectores de metais e forçados a deixar seus telefones celulares. Alguns entregaram pequenos transmissores disfarçados de borrachas. Uma vez dentro das salas, os alunos viram-se cercados por cinquenta e quatro investigadores de diferentes distritos escolares. Alguns desses investigadores atravessaram a rua em direção a um hotel, onde encontraram grupos posicionados para se comunicarem com os alunos por meio dos transmissores.

As reações dessa repressão à trapaça foram vulcânicas. Cerca de dois mil manifestantes jogando pedras se juntaram na rua em frente à escola. Eles entoavam: "Nós queremos justiça. Não há justiça se não nos deixarem colar".

Parece piada, mas estavam falando sério. Os riscos para os alunos eram altíssimos. Do jeito que enxergavam a situação, tinham a chance de buscar uma educação de elite e uma carreira próspera ou então ficar presos em sua cidade de província, que viam como um lugar atrasado. E se era o caso ou não, tinham a percepção de que os demais estavam colando. Então impedir os alunos de Zhongxiang de colar era injusto. Num sistema em que colar e trapacear é o normal, respeitar as regras significa estar em desvantagem. É só perguntar aos ciclistas do Tour de France que foram aniquilados durante sete anos pelo doping de Lance Armstrong e sua equipe.

O único jeito de vencer num cenário assim é ter uma vantagem e garantir que os demais não tenham uma ainda maior. Este é o caso não somente na China como também nos Estados Unidos, onde pais, alunos e secretarias de admissão dos colégios veem-se num esforço frenético de burlar o sistema gerado pelo modelo da U.S. News.

Todo um mercado de coaches e professores particulares prospera com base no ciclo de feedback do modelo e na ansiedade que ele causa. Muitos deles custam caríssimo. Um "boot camp de inscrições" de quatro dias, oferecido por uma empresa chamada Top Tier Admissions, custa US$ 16 mil (fora estadia e alimentação). Durante as sessões, os alunos colegiais desenvolvem suas dissertações, aprendem como "zerar" as entrevistas e criam uma "ficha de atividades" para resumir todos os prêmios, esportes, atividades extracurriculares e trabalho voluntário que os diretores de admissão tanto querem ver.

Dezesseis mil dólares podem soar como muito dinheiro. Mas assim como os manifestantes chineses de Zhongxiang, muitas famílias norte-americanas preocupam-se e acreditam que o sucesso futuro de seus filhos depende de serem aceitos numa universidade de elite.

Os coaches mais eficientes entendem os modelos de admissão de cada faculdade para descobrir como os alunos em potencial podem se encaixar em seus portfólios. Um empreendedor da Califórnia chamado Steven Ma leva essa abordagem de mercado ao extremo. Ma, fundador da ThinkTank Learning, coloca os candidatos dentro de seu próprio modelo e calcula as chances de entrarem nas universidades almejadas. Ele disse à Bloomberg BusinessWeek, por exemplo, que um aluno de último ano de colégio nascido nos EUA, com um GPA de 3,8 e uma nota SAT de 2000, possui 20,4% de chances de entrar na New York University e 28,1% de chances na University of Southern California. A ThinkTank então oferece pacotes de consultoria com garantia. Se aquele candidato seguir o coaching da consultoria e for aceito na NYU, custará US$ 25.931, ou US$ 18.826 na USC. Se não for aceito, não paga nada.

O modelo de admissão de cada faculdade é derivado, ao menos em parte, do modelo da U.S. News, e cada um é uma mini-ADM. Esses modelos colocam pais e alunos correndo em círculos de modo frenético e os fazem gastar rios de dinheiro. E são modelos opacos. Isso deixa a maior parte dos participantes (ou vítimas) no escuro. Mas cria um grande negócio para consultores, como Steven Ma, que conseguem aprender seus segredos, seja por cultivar fontes de dentro das universidades ou por engenharia reversa dos algoritmos.

As vítimas, é claro, são a imensa maioria dos norte-americanos, as famílias pobres e de classe média que não têm milhares de dólares para gastar em cursos e consultorias. Elas perdem preciosas informações de fontes internas. O resultado é um sistema educacional que favorece os privilegiados. Ele inclina-se contra os alunos necessitados, trancando para fora a vasta maioria deles — empurrando-os em direção a um caminho de pobreza. O sistema aprofunda o fosso social.

Mas mesmo aqueles que conseguem entrar numa faculdade de ponta saem perdendo. Se pararmos para pensar, o jogo de admissão universitária, mesmo que lucrativo para alguns, não possui praticamente valor educacional algum. A complexa e carregada produção simplesmente reclassifica e reordena o mesmo agrupamento de jovens de dezoito anos de formas novas e modernas. Eles não aprendem a dominar habilidades importantes ao pular muito mais obstáculos ou escrever dissertações meticulosamente voltadas às faculdades sob o olhar atento de professores particulares profissionais. Outros pechincham online pela versão mais barata desses professores. Todos eles, dos ricos à classe trabalhadora, estão simplesmente sendo treinados para caber dentro de uma enorme máquina — para satisfazer à ADM. E no final da provação muitos deles ficarão sobrecarregados com dívidas que levarão décadas para serem pagas. São peões numa corrida armamentista, uma especialmente sórdida.

Então há conserto? Durante seu segundo mandato, o presidente Obama sugeriu a criação de um novo modelo de classificação de universidades, um mais em sintonia com as prioridades nacionais e recursos da classe média do que a versão da U.S. News. Seu outro objetivo era minar o poder das universidades com fins lucrativos (um flagelo sugador de dinheiro que discutiremos no próximo capítulo). A ideia de Obama era vincular um sistema de ranking universitário a um conjunto diferente de métricas, incluindo acessibilidade de preços, a porcentagem de alunos pobres e de minorias, e colocação profissional após a graduação. Como o ranking da U.S. News, também iria levar em conta a taxa de alunos formados. Se as universidades caíssem abaixo do mínimo nessas categorias, seriam cortadas do mercado federal de empréstimo estudantil de US$ 180 milhões anuais (no qual as universidades com fins lucrativos têm feito um banquete).

Todos soam como objetivos nobres, é claro, mas qualquer sistema de ranking pode ser burlado. E, quando isso acontece, são criados novos e diferentes ciclos de feedback e uma série de consequências acidentais.

É fácil aumentar as taxas de alunos formados, por exemplo, ao diminuir os padrões. Dilua os requisitos e mais alunos irão se formar. Mas se um dos objetivos do nosso sistema educacional é produzir mais cientistas e tecnólogos para uma economia global, isso seria inteligente? Também seria moleza aumentar a renda média dos formados. Tudo o que as faculdades precisariam fazer seria diminuir seus cursos de artes liberais, aproveitando também para se livrar dos departamentos de educação e serviço social, já que professores e assistentes sociais ganham menos que engenheiros, químicos e cientistas da computação. Mas não são menos valiosos para a sociedade.

Também não seria tão difícil diminuir os custos. Uma abordagem já ganhando popularidade é baixar a porcentagem de corpo docente titular, substituindo esses professores onerosos, conforme se aposentam, por instrutores ou professores adjuntos mais baratos. Para alguns departamentos de algumas faculdades, isso pode fazer sentido. Mas há custos. Um corpo docente titular, trabalhando com alunos de pós-graduação, fomenta pesquisa importante e estabelece o padrão de cada departamento, enquanto professores adjuntos atormentados trabalhando em cinco cursos em três universidades só para pagar o aluguel raramente terão tempo ou energia para entregar algo mais que educação de nível comum. Outra abordagem possível, de remover postos de administração desnecessários, parece mais rara.

O número de "alunos empregados nove meses depois da formatura" pode ser burlado também. Uma reportagem no New York Times de 2011 focou-se em faculdades de Direito, que já são avaliadas pela capacidade de encaminhar seus alunos pela carreira. Digamos que um jovem advogado com US$ 150 mil em empréstimo estudantil esteja trabalhando como barista. Para algumas faculdades inescrupulosas investigadas pela reportagem, ele contava como empregado. Algumas iam mais além, contratando seus próprios formados para trabalhos temporários assim que o período crucial de nove meses se aproximava. Outras enviaram questionários aos ex-alunos e contaram todos os que não respondiam como "empregados".

<☠/>

Talvez tenha sido bom que o governo Obama não tenha conseguido criar um sistema de ranking reformulado. A resposta dos reitores foi feroz. Afinal, eles tinham passado décadas otimizando a si mesmos para satisfazer à ADM da U.S. News. Uma nova fórmula baseada em taxas de alunos formados, tamanho das turmas, empregabilidade e renda e demais métricas poderia causar estragos em suas reputações e posições nos rankings. É claro que também deram bons argumentos sobre as vulnerabilidades de qualquer novo sistema e os novos ciclos de feedback que iriam gerar.

Então o governo se rendeu. E para o melhor. Ao invés de um ranking, o ministério da Educação dos EUA publicou um monte de dados num website. O resultado é que os alunos podem fazer suas próprias perguntas acerca do que os interessa — incluindo tamanho das turmas, taxas de alunos formados e a dívida média dos alunos de graduação. Eles não precisam saber nada sobre estatística ou o peso das variáveis. O software em si, parecido com um site de viagens, cria modelos individuais para cada pessoa. Pense nisso: transparente, controlado pelo usuário, e personalizado. Podemos chamar isso de o oposto de uma ADM.

MÁQUINA DE PROPAGANDA
Publicidade Online

Um dia, durante minha passagem como cientista de dados na startup de publicidade Intent Media, um proeminente investidor de risco visitou nosso escritório. Ele parecia ponderar sobre investir na empresa, que estava ansiosa para mostrar seu melhor lado. Então fomos todos convocados para ouvi-lo falar.

Ele delineou o futuro brilhante da publicidade direcionada. Ao fornecer rios de dados, as pessoas dariam aos publicitários a habilidade de conhecê-las em detalhe. Isso permitiria às empresas atingi-las com o que considerassem informações válidas, que chegariam na hora e lugar certos. Uma pizzaria, por exemplo, poderia saber não somente que você está no bairro, mas que também deve estar com vontade daquele mesmo sabor de dois queijos com pepperoni que comeu semana passada no intervalo do jogo dos Dallas Cowboys. O sistema deles pode ver que pessoas cujos dados seguem padrões similares aos seus são mais propensas a clicar num cupom de desconto durante aquela janela de vinte minutos.

A parte mais frágil do argumento dele, me pareceu, era a justificativa. Ele argumentou que a avalanche vindoura de anúncios personalizados seria tão útil e oportuna que os clientes a saudariam de braços abertos. Iriam pedir por mais. Como ele via, a maioria das pessoas se opunha à propaganda porque era irrelevante a elas. No futuro, não seria. Ao que parece, o pessoal no vídeo-demonstração dele iria gostar de conteúdo personalizado, talvez incluindo chalés nas Bahamas, jarras de azeite de oliva extravirgem prensado à mão e voos em jatinhos particulares. E brincou dizendo que nunca mais teria de ver outro anúncio da Universidade de Phoenix — uma fábrica de diploma com fins lucrativos que atrai principalmente a batalhadora (e mais facilmente enganável) classe baixa.

Era estranho, pensei, que ele houvesse mencionado a Universidade de Phoenix. De algum modo ele estava vendo aqueles anúncios, e eu não. Ou talvez não os tivesse notado. De todo modo, eu tinha bastante conhecimento sobre universidades com fins lucrativos, que tinham àquele ponto tornado-se uma operação multimilionária. As chamadas fábricas de diploma geralmente tinham garantidos empréstimos financiados pelo governo, e os diplomas que concediam tinham pouco valor no mercado de trabalho. Em diversas profissões, não eram mais valiosos que um ensino médio completo.

Enquanto a ADM no ranking U.S. News Best Colleges dificultava a vida dos alunos ricos e de classe média (e suas famílias), as faculdades com fins lucrativos se concentravam no outro lado da população, o mais vulnerável. E a Internet dava a elas a ferramenta perfeita para fazer isso. Não é surpresa, portanto, que o crescimento dramático do setor tenha coincidido com a chegada da Internet como uma plataforma sempre disponível de comunicação para as massas. Gastando mais de US$ 50 milhões apenas em anúncios no Google, a Universidade de Phoenix mirava nos pobres com a isca da mobilidade social. A mensagem carregava a crítica implícita de que essas pessoas não estavam fazendo o bastante para melhorar de vida. E funcionou. Entre 2004 e 2014 as inscrições triplicaram, e o setor com fins lucrativos agora conta com 11% dos alunos universitários nos EUA.

O marketing dessas universidades está muito distante da promessa inicial da Internet como uma grande força de igualdade e democratização. Se foi verdade durante os primórdios ponto-com que "ninguém sabe que você é um cachorro" (como no cartum de um cão atrás do teclado), é o exato oposto hoje em dia. Somos classificados, categorizados e pontuados em centenas de modelos com base em nossas preferências e padrões exibidos. Isso estabelece uma base poderosa para campanhas publicitárias legítimas, mas também abastece seus primos mais predatórios: anúncios que identificam com precisão pessoas em necessidade e que as vendem promessas falsas ou exageradas. Eles encontram desigualdade e se fartam com ela. O resultado é que perpetuam nossa estratificação social existente, com todas as suas injustiças. A maior divisão é entre os vencedores em nosso sistema, como nosso investidor de risco do início do capítulo, e as pessoas de quem seus modelos são vítimas.

Em qualquer lugar onde houver a combinação de ignorância e grande carência, provavelmente veremos anúncios predatórios. Se as pessoas estiverem ansiosas sobre suas vidas sexuais, anúncios predatórios os fornecerão Viagra ou Cialis, ou até mesmo aumentos penianos. Se estiverem sem dinheiro, choverão ofertas de empréstimos consignados a juros altos. Se o computador delas estiver meio lento, pode ser um vírus inserido por um anunciante predatório, que então irá oferecer o conserto. Como veremos, o boom das faculdades com fins lucrativos é abastecido por anúncios predatórios.

No que se refere às ADMs, anúncios predatórios praticamente definem a categoria. Eles se concentram nos mais desesperados de nós, em enorme escala. Na educação, prometem o que é geralmente um caminho falso até a prosperidade, enquanto calculam também como maximizar os dólares que extraem de cada interessado. Suas operações causam ciclos imensos e nefastos de feedback e deixam seus clientes soterrados em montanhas de dívidas. E os alvos têm pouca ideia de como foram enganados, porque as campanhas são opacas. Eles simplesmente aparecem na tela do computador, e depois numa chamada de telefone. As vítimas raramente descobrem como foram escolhidas ou como os recrutadores sabiam tanto sobre elas.

Leve em conta a Corinthian College. Até há pouco tempo era uma gigante do setor. Suas várias divisões tinham mais de oitenta mil alunos, a imensa maioria deles recebendo empréstimos do governo. Em 2013, a faculdade com fins lucrativos foi pega pelo procurador-geral da Califórnia por mentir sobre as taxas de colocação profissional, cobranças excessivas e por usar selos militares não oficiais em anúncios predatórios para enrolar pessoas vulneráveis. A denúncia apontou que uma das divisões da faculdade, Everest University Online's Brandon Campus, cobrou US$ 68.800 em mensalidades por uma graduação online em assistência jurídica. (Curso do tipo custam menos de 10 mil em muitas faculdades tradicionais de todo o país).

Além disso, de acordo com a denúncia, a Corinthian College mirou em indivíduos "isolados" e "impacientes" com "baixa auto-estima", com "poucas pessoas na vida que se importam com eles" e que estavam "empacados" e "sem condições de ver ou planejar um futuro". A denúncia chamou as práticas da faculdade de "ilícitas, injustas e fraudulentas". Em 2014, em meio a mais relatos de abusos, o governo Obama suspendeu o acesso da empresa ao financiamento estudantil federal. Era o seu suporte vital. Em meados de 2015, a empresa vendeu a maioria de seus campi e decretou falência.

Mas o setor continua marchando em frente. Vatterott College, um instituto de treinamento profissional, é um exemplo particularmente vil. Um relatório de 2012 do comitê do Senado sobre faculdades com fins lucrativos descreveu o manual de recrutamento da Vatterott, que soa diabólico. Ele direciona os recrutadores a mirar em "Mãe no seguro-desemprego com filhos. Moças grávidas. Recém-divorciada. Baixa autoestima.

Emprego de baixa renda. Passou por perda recente na família. Tenha sofrido maus tratos físicos ou psicológicos. Prisão recente. Em recuperação por uso de drogas. Trabalho sem perspectivas — sem futuro".

    Por que, especificamente, estavam mirando nessas pessoas? Vulnerabilidade vale ouro. Sempre valeu. Imagine um charlatão itinerante num filme antigo de velho-oeste. Ele chega na cidade com sua carroça cheia de jarros e garrafas estridentes. Quando senta-se com uma cliente idosa interessada, ele procura pela fraqueza dela. Ela cobre a boca quando sorri, o que indica que é sensível quanto aos seus dentes feios. Ela gira sua antiga aliança de casamento de modo ansioso, que pelo aspecto do nó do dedo inchado ficará ali até o fim de seus dias. Artrite. Então quando ele faz a propaganda de seus produtos, pode focar a feiura dos dentes e as mãos doloridas dela. Ele pode prometer recuperar a beleza do sorriso e tirar todas as dores de suas juntas. Com essas informações, ele sabe que já está a meio caminho andado de completar a venda antes mesmo de limpar a garganta para começar a falar.

    A cartilha dos anúncios predatórios é similar, mas eles são feitos em escala massiva, atingindo milhões de pessoas todos os dias. A ignorância do cliente, é claro, é uma peça crucial do quebra-cabeças. Muitos dos alunos atingidos são imigrantes que vêm aos EUA acreditando que as universidades particulares têm mais prestígio do que as públicas. Este argumento é plausível caso as particulares sejam Harvard e Princeton. Mas a ideia de que a Universidade de Phoenix ou DeVry sejam preferíveis em relação a qualquer universidade estadual (ainda mais se tratando de joias públicas como Berkeley, Michigan ou Virginia) é algo que somente os recém-chegados poderiam acreditar.

Uma vez que a ignorância for estabelecida, o mais importante ao recrutador, assim como ao comerciante impostor, é localizar as pessoas mais vulneráveis e usar as suas informações privadas contra elas próprias. Isso envolve encontrar o lugar em que sofrem mais, o chamado "ponto de dor". Pode ser baixa auto-estima, o estresse de criar filhos em bairros de gangues violentas, ou talvez um vício em drogas. Muitas pessoas, sem perceber, revelam seus pontos de dor quando fazem buscas no Google ou depois, preenchendo questionários de faculdades. Com essa valiosa pepita em mãos, os recrutadores simplesmente fazem a promessa de que uma formação cara nessa universidade irá fornecer a solução e acabar com a dor. "Lidamos com pessoas vivendo no momento e para o momento", explica o material de treinamento da Vatterott. "A decisão delas de começar a estudar, ficar ou largar a escola é mais baseada em emoção do que em lógica. Dor é o maior motivador no curto prazo." Uma equipe de recrutamento do ITT Technical Institute chegou ao ponto de desenhar a imagem de um dentista atendendo um paciente em sofrimento, com as palavras "Descubra Onde Está A Dor".

O primeiro clique de um aluno em potencial no site de uma faculdade com fins lucrativos vem somente depois de um processo industrial ter assentado os alicerces. A Corinthian, por exemplo, tinha uma equipe de marketing de trinta pessoas gastando US$ 120 milhões anualmente, muito disso para gerar e buscar 2,4 milhões de leads, os contatos e dados de potenciais clientes, o que trazia 60 mil novos alunos e US$ 600 milhões em receitas anuais. Essas grandes equipes de marketing alcançam alunos em potencial através de uma vasta gama de canais, de propaganda em TV e outdoors em avenidas e paradas de ônibus à mala direta, anúncios de buscas no Google, até inclusive recrutadores visitando escolas e batendo em portas. Um analista da equipe desenha as várias divulgações com o objetivo explícito de receber feedback. Para otimizar o recrutamento — e as receitas — eles precisam saber quem foi alcançado pelas mensagens e, se possível, qual impacto tiveram. Somente com esses dados eles podem otimizar a operação.

O essencial para qualquer programa de otimização, naturalmente, é escolher um objetivo.

Para fábricas de diploma como a Universidade de Phoenix, acho que é seguro dizer, o objetivo é recrutar o maior número de alunos que consigam financiamento estudantil do governo para pagar a maior parte das mensalidades e despesas. Com esse objetivo em mente, os cientistas de dados precisam descobrir como melhor gerenciar os vários canais de comunicação para que, juntos, consigam gerar o máximo de retorno para cada dólar.

Os cientistas de dados começam com uma abordagem Bayesiana, o que em estatística é algo bastante comum. O propósito da análise Bayesiana é classificar as variáveis de maior impacto ao resultado desejado. Anúncios em buscas online, TV, outdoors e outras divulgações são mensurados separadamente como uma função de sua eficiência por dólar. Cada um desenvolve uma probabilidade diferente, que é expressa por um valor, ou peso.

Torna-se complicado, porém, porque as várias campanhas interagem entre si e muito do impacto não pode ser mensurado. Por exemplo, será que anúncios em ônibus fazem aumentar as chances de um interessado atender uma ligação por telefone? Difícil dizer. É mais fácil rastrear mensagens online, e as faculdades conseguem recolher detalhes vitais acerca de cada interessado — onde moram e quais páginas visitaram na web.

É por isso que muito das verbas de publicidade das faculdades com fins lucrativos vai para o Google e Facebook. Cada uma dessas plataformas permite aos anunciantes segmentar o público-alvo em detalhes meticulosos. Os publicitários de um filme de Judd Apatow, por exemplo, podem atingir homens de idade entre 18 e 28, nos cinquenta CEPs mais ricos, talvez focando naqueles que tenham dado like em Trainwreck, o filme de sucesso do diretor, ou tenham mencionado seu nome no Twitter, ou seja amigo de alguém que o fez. Mas as faculdades caçam na direção oposta. É provável que estejam atingindo pessoas nos CEPs mais pobres, com atenção especial àqueles que tenham clicado em anúncios de empréstimos ou pareçam estar preocupadas com estresse pós-traumático (veteranos de guerra são muito recrutados, em parte porque é mais fácil que consigam financiamento estudantil).

A campanha segue rodando com uma série infinita de anúncios competindo entre si para ver qual consegue atrair mais interessados. Esse método, baseado no chamado teste A/B, tem sido usado por marqueteiros de mala direta por décadas. Enviam um sem-número de chamarizes, medem as respostas, e fazem o ajuste fino de suas campanhas. Toda vez que você recebe uma carta com uma nova oferta de cartão de crédito é porque está participando de um desses testes. Jogando fora a carta, está fornecendo uma informação valiosa à empresa: aquela campanha não funcionou com você. Da próxima vez, tentarão uma abordagem levemente diferente. Pode parecer infrutífero, já que muitas dessas ofertas terminam no lixo. Mas para muitos profissionais de mala direta, quer seja na Internet ou pelo correio, uma resposta de 1% seria um sonho. Afinal, estão trabalhando com números enormes. Um por cento da população norte-americana são mais de 3 milhões de pessoas.

Uma vez que essas campanhas vão online, o aprendizado se acelera. A Internet fornece aos anunciantes o maior laboratório que já existiu para pesquisa de consumidor e geração de leads. O feedback de cada divulgação chega em segundos — muito mais rápido que pelo correio. Em horas (ao invés de meses), cada campanha pode focar-se nas mensagens mais eficientes e chegar mais próxima de alcançar a brilhante promessa de toda a publicidade: alcançar um interessado na hora certa, e com precisamente a melhor mensagem que provoque uma decisão, conseguindo assim mais um cliente pagador. Esse ajuste fino nunca cessa.

E cada vez mais as máquinas estão examinando nossos dados por conta própria, procurando por nossos hábitos e esperanças, medos e desejos. Com machine learning — o aprendizado automático de máquina —, domínio em franca expansão da inteligência artificial, o computador mergulha nos dados seguindo apenas instruções básicas. O algoritmo encontra padrões por si próprio e então, com o tempo, traça relações entre padrões e resultados. Em certo sentido, ele aprende.

Comparado ao cérebro humano, o machine learning não é particularmente eficiente. Uma criança põe o dedo no fogão, sente dor, e compreende pelo resto da vida a correlação entre o metal quente e a mão latejante. E ela também escolhe a palavra para isso: queimar. Um programa de machine learning, em contrapartida, normalmente irá precisar de milhões ou bilhões de pontos de dados para criar seus modelos estatísticos de causa e efeito. Mas, pela primeira vez na história, esses petabytes de dados estão agora prontamente disponíveis, juntamente com computadores poderosos para processá-los. E, para diversas tarefas, o machine learning se prova mais flexível e com mais nuances do que os programas tradicionais regidos por regras.

Cientistas da linguagem, por exemplo, passaram décadas, dos anos 1960 ao início deste século, tentando ensinar computadores a ler. Durante a maior parte desse período, programaram definições e regras gramaticais no código. Mas como qualquer estudante de língua estrangeira sabe, uma língua é repleta de exceções. Há gírias e sarcasmo. O significado de certas palavras muda com o tempo e a localização geográfica. A complexidade de uma língua é o pesadelo de um programador. No fim das contas, a programação é inútil.

Mas com a Internet, pessoas de todo o mundo têm produzido quadrilhões de palavras sobre nossas vidas e trabalhos, amizades e forma como compramos. Ao fazê-lo, construímos de modo involuntário a mais vasta coletânea de treinamento para máquinas de linguagem natural. Conforme trocamos papel por e-mail e redes sociais, as máquinas podiam estudar nossas palavras, compará-las com outras, e deduzir algo sobre seu contexto. O progresso tem sido rápido e dramático. Ainda em 2011 a Apple decepcionou os fãs de tecnologia com sua "assistente pessoal" de linguagem natural, Siri. A tecnologia era fluente apenas em certas áreas, e cometia erros risíveis. A maioria das pessoas que conheço a achou inútil. Mas agora ouço pessoas falando com seus telefones o tempo todo, pedindo por previsão do tempo, placar de jogos e instruções de trânsito. Em algum ponto entre 2008 e 2015, mais ou menos, as habilidades linguísticas dos algoritmos passaram do prézinho ao ensino fundamental, e muito além no caso de certas aplicações.

Esses avanços em linguagem natural abriram um filão de possibilidades para os anunciantes. Os programas "sabem" o que uma palavra significa, ao menos o bastante para associá-la com certos comportamentos e resultados, ao menos parte das vezes. Impulsionados em parte por esse crescente domínio da língua, os anunciantes podem sondar padrões mais profundos. Um programa de publicidade pode começar com os detalhes mais comuns de demografia e geografia. Mas no curso de semanas e meses ele começa a aprender os padrões das pessoas em que está mirando e fazer previsões acerca de seus próximos passos. Passa a conhecê-las. E se for um programa predatório, afere suas fraquezas e vulnerabilidades e persegue o caminho mais eficiente para explorá-las.

Além das ciências da computação de última geração, anunciantes predatórios geralmente trabalham com intermediários que usam métodos muito mais grosseiros para atingir os interessados. Em 2010, um anúncio efetivo exibia uma foto do presidente Obama com os dizeres "Obama Pede Que As Mães Voltem a Estudar: Termine o Seu Curso — Financiamento Disponível a Quem Se Qualificar". O anúncio sugeria que o presidente havia assinado uma nova lei destinada a fazer mães voltarem a estudar. Isso era mentira. Mas se gerasse mais cliques, servia a seu propósito.

Por trás dessa chamada enganosa, toda uma indústria suja estava trabalhando duro. Quando uma cliente clicava no anúncio, de acordo com uma investigação da ProPublica, recebia algumas perguntas, incluindo sua idade e número de telefone, e era imediatamente contatada por telefone por uma faculdade com fins lucrativos. Quem fazia a ligação não oferecia nenhuma informação sobre a nova lei do presidente Obama, porque ela nunca tinha existido. Ao invés disso, oferecia-lhe ajuda para tomar empréstimo para a matrícula.

Esse tipo de focalização ou direcionamento online é chamada de "geração de lead". O objetivo é criar uma lista de interessados que pode ser vendida — neste caso, às universidades com fins lucrativos. De acordo com o relato da ProPublica, entre 20 e 30% do orçamento de publicidade dessas faculdades vai para geração de lead. Para os leads mais promissores, as faculdades chegam a pagar até 150 dólares cada um.

Uma geradora de leads, Neutron Interactive, de Salt Lake City, postou vagas de emprego falsas em websites como o Monster.com, bem como anúncios prometendo a ajudar as pessoas a conseguir cupons de alimentação e cobertura de saúde do Medicaid, de acordo com David Halperin, pesquisador de políticas públicas. Usando dos mesmos métodos de otimização, eles lançavam montes de anúncios diferentes, medindo sua efetividade para cada população.

O propósito desses anúncios era fazer com que os mais desesperados por trabalho fornecessem seus números de telefone. Em ligações de acompanhamento, somente 5 por cento das pessoas mostrou interesse nos cursos universitários.

Mas esses nomes eram leads valiosos. Cada um podia valer até 85 dólares para as faculdades de fins lucrativos. E fariam tudo em seu poder para fazer com que aquele investimento valesse a pena. Dentro de cinco minutos depois da inscrição, disse um relatório do US Government Accountability Office, os futuros alunos podiam começar a receber ligações. Um destinatário recebeu mais de 180 chamadas num único mês.

Essas faculdades, é claro, têm seus métodos próprios de geração de leads. Uma de suas ferramentas mais valiosas é o website College Board, recurso usado por muitos alunos para fazer a inscrição no SAT e pesquisar o próximo passo de suas vidas. De acordo com Mara Tucker, conselheira de preparação universitária do Urban Assembly Institute of Math and Science for Young Women, escola pública do Brooklyn, o motor de buscas do site é projetado para direcionar alunos pobres para as faculdades com fins lucrativos. Uma vez que um aluno indicou num questionário online que vai precisar de ajuda financeira, essas faculdades aparecem no topo da lista como as mais apropriadas.

As faculdades também fornecem serviços gratuitos em troca de chamadas de vídeo com os alunos. Cassie Magesis, outra conselheira da Urban Assembly, me contou que as faculdades oferecem workshops gratuitos para auxiliar os alunos a escrever seus currículos. Essas sessões ajudam os estudantes. Mas estudantes de baixa renda que fornecem suas informações de contato são subsequentemente perseguidos. As faculdades com fins lucrativos não se preocupam em atingir estudantes ricos. Eles e seus pais sabem demais.

O recrutamento, em todas as suas formas, é o coração do modelo de negócio dessas faculdades e é responsável por muito mais gastos, na maioria dos casos, do que a educação. Um relatório do Senado sobre trinta sistemas com fins lucrativos descobriu que empregavam um recrutador para cada 48 alunos. O Apollo Group, empresa matriz da Universidade de Phoenix, gastou mais de um bilhão de dólares com marketing em 2010, quase tudo em recrutamento. No total, US$ 2.225 de gastos em marketing por estudante e somente US$ 892 em ensino. Compare isso com a Faculdade Comunitária de Portland, em Oregon, que gasta US$ 5.953 em ensino por aluno e cerca de 1,2% de seu orçamento, US$ 185 por aluno, em marketing.

<☠/>

A matemática, na forma de modelos complexos, alimenta a publicidade predatória que atrai interessados para essas universidades. Mas quando um recrutador está perseguindo possíveis alunos em seus telefones celulares, já deixamos o mundo dos números para trás. Os argumentos de venda, com promessas de mensalidades acessíveis, perspectivas de carreiras brilhantes e mobilidade social, não são tão diferentes das promoções de elixires mágicos, curas para calvície e cintas vibratórias que reduzem a gordura abdominal. Não é nada novo.

Mas um componente crucial de uma ADM é que ela é prejudicial à vida de muitas pessoas. E com esse tipo de anúncios predatórios, o dano não começa até que os alunos passem a tomar grandes empréstimos para pagar a mensalidade e demais custos.

A métrica crucial é a chamada regra 90-10, incluída na Lei de Ensino Superior de 1965. Ela estipula que universidades não podem obter mais de 90% de seu financiamento a partir de auxílio do governo federal. A ideia era que, enquanto os alunos sentissem no próprio bolso em alguma medida, levariam a educação mais a sério. Mas as faculdades com fins lucrativos rapidamente integraram essa métrica em seus planos de negócios. Se os alunos conseguissem juntar alguns milhares de dólares, seja da poupança ou empréstimos bancários, as universidades poderiam enfileirá-los para mais nove vezes esse valor em financiamento do governo, fazendo com que cada aluno fosse incrivelmente lucrativo.

Para muitos dos alunos, o financiamento soa como dinheiro grátis, e a faculdade não se preocupa em corrigir essa ideia equivocada. Mas é dívida, e muitos deles rapidamente se veem afundados até o pescoço. A dívida pendente de alunos da falida Corinthian College era de U$ 3,5 bilhões. Quase todo esse valor foi financiado pelos contribuintes e nunca será reembolsado.

Algumas pessoas sem dúvida cursam essas faculdades e saem delas com conhecimentos e habilidades que lhes serão úteis. Mas será que se saem melhor que os formados em faculdades comunitárias, cujos cursos custam uma fração do preço? Em 2014, pesquisadores do CALDER/ American Institutes for Research criaram quase nove mil currículos falsos. Alguns de seus falsos candidatos a vagas de trabalho possuíam diplomas de graduação em universidades com fins lucrativos; outros, diplomas semelhantes em faculdades comunitárias; e por fim um terceiro grupo com nenhuma formação superior. Os pesquisadores enviaram seus currículos para vagas em sete grandes cidades e então mediram as taxas de resposta. Eles descobriram que os diplomas de faculdades de fins lucrativos valiam menos no mercado de trabalho do que aqueles de faculdades comunitárias, e praticamente o mesmo que um diploma de ensino médio. E mesmo assim essas faculdades custam em média 20 por cento mais do que as principais universidades públicas.

O ciclo de feedback dessa ADM é bem menos complicado do que é nefasto. Os 40% mais pobres da população dos EUA estão em sérias dificuldades. Muitos empregos na indústria desapareceram, substituídos por tecnologia ou enviados ao exterior. Os sindicatos perderam seu poder. Os 20% no topo da população controlam 89% da riqueza no país, e os 40% inferiores não controlam nada. Seus patrimônios são negativos: a média de dívida nessa enorme e batalhadora classe-baixa é de 14.800 dólares por casa, muitos dos quais em contas de cartão de crédito extorsivas. O que essas pessoas precisam é de dinheiro. E o decisivo para ganhar mais dinheiro, eles ouvem repetidamente, é a educação.

Aí entram as faculdades com fins lucrativos, com suas ADMs altamente refinadas, para atingir e enganar a população mais necessitada. Elas vendem a promessa de educação e um vislumbre tentador da mobilidade social — enquanto mergulha essa população em ainda mais dívidas. Elas se aproveitam das necessidades urgentes das famílias pobres, de sua ignorância e aspirações, e então as exploram. E fazem isso em grande escala. Isso leva à desesperança e ao desânimo, juntamente ao ceticismo sobre o valor da educação de maneira mais ampla, e agrava a vasta disparidade de riqueza do país.

Vale notar que as fábricas de diploma conduzem à desigualdade em ambas as direções. Os presidentes das principais universidades com fins lucrativos ganham milhões de dólares todo ano. Por exemplo, Gregory W. Cappeli, CEO do Apollo Education Group, empresa-matriz da Universidade de Phoenix, levou US$ 25,1 milhões de remuneração total em 2011. Em universidades públicas, que têm suas próprias distorções, somente técnicos de basquete e futebol americano podem esperar ganhar tanto.

<☠/>

As faculdades com fins lucrativos, infelizmente, não estão sozinhas empregando anúncios predatórios. Estão repletas de companhia. Se você pensar sobre em que lugar estão as pessoas sofrendo ou desesperadas, irá encontrar anunciantes brandindo seus modelos predatórios. Uma das maiores oportunidades, naturalmente, está nos empréstimos. Todo mundo precisa de dinheiro, mas alguns mais urgentemente que outros. Não é difícil encontrar essas pessoas. Os mais necessitados muito provavelmente moram em cidades e bairros mais pobres. E da perspectiva de um anunciante predatório, eles praticamente gritam por atenção especial com suas pesquisas nos buscadores online e cliques em cupons.

Assim como as faculdades com fins lucrativos, o ramo de empréstimos consignados também opera ADMs. Algumas delas são geridas por operações legais, mas o setor é fundamentalmente predatório, cobrando taxas de juros ultrajantes de em média 574 por cento em empréstimos de curto prazo, que são refinanciados em média oito vezes — tornando-os muito mais parecidos com empréstimo de longo prazo. São fundamentalmente apoiados por legiões de vendedores de dados e geradores de leads, muitos dos quais golpistas. Seus anúncios pipocam em computadores e celulares, oferecendo acesso rápido a dinheiro. Quando os interessados preenchem as solicitações, muitas vezes incluindo informações bancárias, abrem-se para abusos e ladroagem.

Em 2015, a Comissão Federal de Comércio cobrou dois vendedores de dados por vender as solicitações de empréstimo de mais de meio milhão de clientes. De acordo com o processo, as empresas Sequoia One, de Tampa, e Gen X Marketing Group, de Clearwater, ambas na Flórida, roubaram os números de telefone dos clientes, informações do empregador, números de seguro social e dados bancários — e então os vendeu por cerca de cinquenta centavos cada. As empresas que compraram esses dados, de acordo com a agência reguladora, invadiram as contas bancárias dos clientes e levaram "ao menos" US$ 7,1 milhões. De muitas das vítimas foram cobradas posteriormente taxas bancárias por esvaziar suas contas ou cheques devolvidos.

Se pensarmos nos números envolvidos, são quase pateticamente baixos. Espalhados em mais de meio milhão de contas, os 7,1 milhões dão apenas 14 dólares cada. Mesmo que os ladrões não tivessem conseguido acessar muitas dessas contas, muito do dinheiro que roubaram era sem dúvida em pequenas quantias, os últimos US$ 50 ou 100 que pessoas pobres mantinham em suas contas.

Agora os legisladores estão pressionando por novas leis que governem o mercado de dados pessoais — que são um input crucial em todo o tipo de ADM. Até o momento, algumas leis federais, como a Lei de Justa Informação de Crédito (FCRA) e Lei de Portabilidade e Responsabilidade de Provedores de Saúde (HIPAA), estabelecem alguns limites sobre dados de crédito e de saúde. Talvez, com um olho nos geradores de leads, mais limites serão adicionados.

Entretanto, como veremos nos próximos capítulos, algumas das ADMs mais nefastas e eficazes conseguem engendrar soluções alternativas. Elas estudam tudo, desde bairros e amigos de Facebook, para prever nosso comportamento — e até nos prender.

BAIXAS CIVIS
Justiça na Era do Big Data

A pequena cidade de Reading, Pensilvânia, sofreu um duro golpe na era pós-industrial. Aninhada nas colinas verdes oitenta quilômetros a oeste da Filadélfia, Reading enriqueceu com ferrovias, aço, carvão e têxteis. Mas nas últimas décadas, com essas indústrias em queda acentuada, a cidade definhou. Em 2011, havia alcançado a mais alta taxa de pobreza do país, de 41,3 por cento (no ano seguinte foi ultrapassada, por pouco, por Detroit). Conforme a recessão esmagava a economia da cidade depois do colapso do mercado em 2008, as receitas com impostos caíram, o que levou ao corte de quarenta e cinco policiais — apesar dos crimes persistentes.

O comandante de polícia de Reading, William Heim, precisava descobrir como manter ou melhorar o policiamento com uma força reduzida. Assim, em 2013, investiu num software de previsão de crimes feito pela PredPol, uma startup de Big Data sediada em Santa Cruz, Califórnia. O programa processava dados de histórico criminal e calculava, a cada hora, onde era mais provável que crimes ocorressem. Os policiais de Reading podiam ver as conclusões do programa como uma série de quadrantes, cada um com quase o tamanho de dois campos de futebol. Se passassem mais tempo patrulhando esses quadrantes, haveria uma boa chance de desencorajar criminosos. E, como esperado, um ano depois o comandante Heim declarou que os assaltos haviam caído 23 por cento.

Programas de predição como o PredPol estão em voga em departamentos de polícia com orçamentos apertados de todo os EUA. De Atlanta a Los Angeles, departamentos estão destacando policiais nas quadras de interesse e relatando quedas nos índices de criminalidade. A cidade de Nova Iorque utiliza um programa similar chamado CompStat. E a polícia da Filadélfia usa um produto local chamado HunchLab, que inclui análise de risco de territórios, incorporando certos elementos como caixas eletrônicos ou lojas de conveniência, que podem atrair criminosos. Como todos no ramo do Big Data, os desenvolvedores de software de previsão de crimes se apressam para incorporar quaisquer informações que possam ampliar a precisão de seus modelos.

Se pensarmos a respeito, indicadores de locais perigosos são semelhantes aos modelos de deslocamento de defesa no beisebol que vimos antes. Aqueles sistemas olham para o histórico de rebatidas de cada jogador e então posicionam os defensores no lugar onde é mais provável conseguir pegar a bola. Softwares de previsão de crimes realizam análises parecidas, posicionando policiais em locais onde crimes parecem ser mais prováveis de ocorrer. Ambos os tipos de modelo otimizam recursos. Mas vários dos modelos de previsão de crimes são mais sofisticados, porque preveem progressões que podem levar a ondas de crimes. O PredPol, por exemplo, é baseado em software sísmico: ele vê um crime numa área, o incorpora em padrões de histórico, e faz a previsão de onde e quando pode ocorrer novamente. (Uma correlação simples que ele encontrou: se assaltantes baterem na casa do vizinho, prepare-se para o pior.)

Modelos de previsão de crimes como o PredPol têm suas vantagens. Diferentemente dos caça-criminosos do filme distópico de Steven Spielberg Minority Report (e de algumas iniciativas sinistras reais, das quais falaremos em breve), os policiais não localizam pessoas antes que elas cometam crimes. Jeffrey Brantingham, o professor de antropologia da UCLA que fundou a PredPol, enfatizou para mim que o modelo não enxerga raça e etnia. E ao contrário de outros programas, incluindo os modelos de risco de reincidência usados como diretriz de sentenças dos quais já tratamos, o PredPol não se concentra no indivíduo. Em vez disso, visa a localização geográfica. Os inputs principais são o tipo e local de cada crime e quando ocorreram. Parece justo o bastante. E se os policiais passarem mais tempo em áreas de alto risco, repelindo ladrões e assaltantes de carro, há boas razões para crer que a comunidade se sairá beneficiada.

Mas a maioria dos crimes não são tão graves quanto assalto e roubo de carros, e é aí que surgem problemas sérios. Quando a polícia configura seu sistema PredPol, ela tem uma escolha. Podem concentrar-se exclusivamente nos chamados crimes Parte 1. São os crimes violentos, incluindo homicídio, agressão e incêndio criminoso. Mas podem também ampliar o foco ao incluir crimes Parte 2, incluindo vadiagem, mendicância mais agressiva, bem como consumo e venda de pequenas quantias de drogas. Muitos desses crimes de "perturbação" não seriam registrados se um policial não estivesse lá para vê-los.

Esses crimes de perturbação são endêmicos em muitos bairros empobrecidos. Em alguns lugares, a polícia os chama de comportamento antissocial, ou ASB, na sigla em inglês. Infelizmente, incluí-los no modelo ameaça distorcer a análise. Uma vez que os dados de perturbação fluam para dentro de um modelo de previsão, mais policiais são atraídos para aqueles bairros, onde é mais provável que prendam mais pessoas. Afinal, mesmo que o objetivo seja impedir assaltos, assassinatos e estupros, sempre haverá períodos calmos. É da natureza do patrulhamento. E se um policial em patrulha vê alguns jovens que não parecem ter mais de dezesseis anos bebendo algo de uma garrafa escondida, ele os para. Esses tipos de crimes de menor grau povoam os modelos com mais e mais pontos, e os modelos enviam os policiais de volta aos mesmos bairros.

Isso cria um ciclo nocivo de feedback. A própria polícia gera novos dados, o que justifica mais policiamento. E nossos presídios se enchem de centenas de milhares de pessoas condenadas por crimes sem vítimas. A maioria delas vem de bairros empobrecidos, e a maioria é negra ou hispânica. Então mesmo que um modelo não enxergue a cor da pele, o resultado o faz. Em nossas cidades amplamente segregadas, a localização geográfica é um proxy altamente eficaz para raça.

Se o propósito dos modelos é prevenir crimes graves, você poderia perguntar qual o propósito de registrarem crimes de perturbação. A resposta é que o elo entre comportamento antissocial e crimes tem sido dogma desde 1982, quando um criminólogo chamado George Kelling se juntou a um especialista em políticas públicas, James Q. Wilson, para escrever um artigo seminal na Atlantic Monthly sobre a chamada teoria das janelas quebradas. A ideia era que crimes de menor grau e contravenção criavam uma atmosfera de desordem em um bairro. Isso afastava os cidadãos cumpridores da lei. As ruas vazias e escuras que deixavam para trás era terreno fértil para crimes graves. O antídoto era a sociedade resistir à propagação da desordem. Isso incluía consertar janelas quebradas, limpar trens de metrô cobertos por grafite e tomar medidas para desencorajar crimes de perturbação.

    Esse pensamento levou às campanhas de tolerância zero nos anos 1990, famosa na cidade de Nova Iorque. Policiais prendiam jovens por pularem as catracas do metrô. Detinham pessoas pegas passando um único baseado e rumavam com elas pela cidade num camburão por horas antes de finalmente as fichar. Alguns creditaram essas campanhas enérgicas por quedas dramáticas em crimes violentos. Outros discordaram. Os autores do livro bestseller Freakonomics chegaram ao ponto de correlacionar a queda dos crimes com a legalização do aborto nos anos 1970. E diversas outras teorias também surgiram, indo desde as quedas nas taxas de vício em crack até o crescimento econômico dos anos 1990. De todo modo, o movimento de tolerância zero ganhou vasto apoio, e o sistema de justiça penal aprisionou milhões de homens, em sua maioria jovens de minorias, muitos deles por pequenos delitos.

Mas a tolerância zero na verdade tinha muito pouco a ver com a teoria das janelas quebradas de Kelling e Wilson. O estudo de caso deles se concentrava no que parecia ser uma iniciativa de policiamento de sucesso de Newark, Nova Jersey. Os policiais que faziam rondas de prevenção, de acordo com o projeto, deveriam ser altamente tolerantes. O trabalho deles era se ajustar aos padrões de ordem do próprio bairro, ajudando a mantê-los. Os padrões variavam de uma parte da cidade a outra. Em um bairro, poderia significar que os beberrões deveriam manter as garrafas dentro de sacos e evitar as vias principais, mas tudo bem em ruas laterais. Viciados poderiam sentar-se em degraus, mas não deitar-se. A ideia era garantir apenas que os padrões não diminuíssem. Os policiais, nesse esquema, estavam ajudando o bairro a manter sua própria ordem, sem impor a deles.

Você pode achar que estou desviando um pouco da matemática, PredPol e ADMs. Mas cada abordagem policial, de janelas quebradas à tolerância zero, representa um modelo. Assim como meu planejamento de refeições ou o ranking U.S. News Top College, cada modelo de combate ao crime requer determinados dados de entrada, seguidos por uma série de respostas, e cada qual é calibrado para atingir um objetivo. É importante olhar para o policiamento dessa maneira, porque esses modelos matemáticos agora dominam as forças policiais. E alguns deles são ADMs.

Dito isso, é compreensível que os departamentos de polícia escolham incluir os dados de perturbação. Criados na ortodoxia da tolerância zero, muitos têm poucos motivos a mais para duvidar do elo entre pequenos e grandes crimes do que da correlação entre fumaça e fogo. Quando a polícia da cidade britânica de Kent experimentou o PredPol em 2013, incorporou no modelo os dados de crimes de perturbação. Parecia funcionar. Descobriram que as quadras do PredPol eram dez vezes mais eficazes do que patrulhas aleatórias e duas vezes mais precisas do que as análises entregues pela inteligência policial. E quais tipos de crime o modelo previa melhor? Os de perturbação. Faz todo o sentido do mundo. Um bêbado vai urinar na mesma parede, entra dia, sai dia, e um viciado vai se esticar no mesmo banco de praça, ao passo que um ladrão de carro vai se movimentar, trabalhando arduamente para antecipar os movimentos da polícia.

Mesmo quando os chefes de polícia enfatizam a luta contra crimes violentos, precisariam de um autocontrole notável para não deixar que um monte de dados de perturbação rodassem em seus modelos de previsão. Quanto mais dados, é fácil de acreditar, melhores são os dados. Embora um modelo que se concentre apenas em crimes violentos possa produzir uma constelação esparsa na tela, a inclusão de dados de perturbação criaria um retrato mais completo e vívido do desrespeito à lei na cidade.

E na maioria das jurisdições, lamentavelmente, tal mapa de crimes iria rastrear a pobreza. O alto número de prisões nessas áreas não faria nada além de confirmar a tese amplamente compartilhada pelas classes média e alta: que pessoas pobres são responsáveis pelas próprias desvantagens e cometem a maioria dos crimes de uma cidade.

Mas e se a polícia procurasse por tipos diferentes de crimes? Pode soar contraintuitivo, porque a maioria de nós, incluindo a polícia, vê o crime como uma pirâmide. No topo está o homicídio. É seguido por estupro e agressão, que são mais comuns, e então furto, fraudes menores, até infrações de trânsito, que ocorrem todo o tempo. Faz sentido dar prioridade aos crimes do topo da pirâmide. Minimizar os crimes violentos, a maioria de nós concordaria, é e deve ser parte central da missão de uma força policial.

Mas e os crimes removidos dos mapas do PredPol, aqueles cometidos pelos ricos? Nos anos 2000, os reis das finanças deram festas de luxo a si próprios. Mentiram, apostaram bilhões contra os próprios clientes, cometeram fraudes e pagaram as agências de rating. Crimes enormes foram cometidos, e o resultado devastou a economia global por boa parte de cinco anos. Milhões de pessoas perderam suas casas, empregos e planos de saúde.

Temos todos os motivos para crer que crimes assim estão ocorrendo no mercado financeiro neste momento. Se aprendemos algo, é que o objetivo principal do mundo das finanças é obter lucros enormes, quanto maior, melhor, e que qualquer coisa que se assemelhe à autorregulamentação não tem o menor valor. Graças em grande medida aos poderosos lobbies do setor, o mercado financeiro é malpoliciado.

Imagine se a polícia forçasse sua estratégia de tolerância zero no mercado financeiro. Pessoas seriam presas mesmo pelas menores infrações, seja tapeando investidores em planos de aposentadoria, fornecendo orientações enganosas ou cometendo fraudes menores. Talvez equipes da SWAT desceriam sobre Greenwich, Connecticut. Trabalhariam disfarçados em bares no entorno da Bolsa de Mercadorias de Chicago.

Pouco provável, é claro. Os policiais não têm a expertise para esse tipo de serviço. Tudo o que diz respeito ao trabalho policial, do treinamento aos coletes à prova de balas, é adaptado às ruas severas. Reprimir crimes de colarinho branco exigiria pessoas com diferentes habilidades e ferramentas. As pequenas e subfinanciadas equipes que lidam com esse trabalho, do FBI aos investigadores da Comissão de Valores Mobiliários, aprenderam ao longo das décadas que banqueiros são praticamente invulneráveis. Eles gastam bastante dinheiro com nossos políticos, o que sempre ajuda, e também são vistos como essenciais à nossa economia. Isso os protege. Se os bancos afundam, a economia poderia afundar junto (os pobres não têm tal argumento). Então, com a exceção de alguns criminosos especiais como Bernard Madoff, o mestre do esquema de pirâmide Ponzi, financistas não são presos. Enquanto grupo, atravessaram o colapso do mercado de 2008 praticamente incólumes. O que poderia queimá-los agora?

Meu argumento é que a polícia faz escolhas sobre onde prestar atenção. Hoje, concentram-se quase exclusivamente nos pobres. Essa é sua herança e missão, como a entendem. E agora os cientistas de dados estão costurando esse status quo do ordenamento social em seus modelos, como o PredPol, que tem um domínio cada vez maior sobre nossas vidas.

O resultado é que embora o PredPol entregue uma ferramenta de software perfeitamente útil e até generosa, é também uma ADM do estilo "faça-você-mesmo". Nesse sentido, o PredPol, mesmo com as melhores das intenções, capacita os departamentos policiais a se concentrarem nos pobres, parando mais deles, detendo uma porção daqueles e mandando um subgrupo à prisão. E os chefes de polícia, em muitos casos, se não na maioria, pensam estar tomando o caminho mais sensato no combate ao crime. Estão bem ali, é o que dizem, apontando ao gueto destacado no mapa. E agora eles possuem tecnologia de ponta (potencializada por Big Data) reforçando suas posições e adicionando precisão e "ciência" ao processo.

O resultado é que criminalizamos a pobreza, acreditando o tempo todo que nossas ferramentas não são apenas científicas, mas justas.

<☠/>

Em um fim de semana na primavera de 2011 participei de uma "hackaton" de dados em Nova Iorque. O propósito de tais eventos é juntar hackers, nerds, matemáticos e geeks de software e mobilizar essas cabeças para jogar luz nos sistemas digitais que exercem tanto poder sobre nossas vidas. Fiz par com a Associação Nova-Iorquina para Liberdades Civis (NYCLU), e nosso trabalho era desbloquear os dados de umas das principais políticas do departamento de polícia da cidade, o chamado "parar, questionar e revistar". Conhecida pela maioria das pessoas simplesmente como parar-e-revistar, a prática havia crescido drasticamente na era CompStat, guiada por dados.

A polícia considerava o parar-e-revistar como um esquema de filtragem de crimes. A ideia é simples. Os policiais param pessoas que parecem suspeitas a eles. Pode ser o jeito como caminham ou se vestem, ou suas tatuagens. A polícia fala com elas e as examinam, geralmente enquanto estão pressionadas contra a parede ou o capô do carro. Pedem pela identidade e as revistam. Pare pessoas o bastante, acredita-se, e sem dúvida você irá parar diversos crimes menores, e quem sabe até alguns grandes. A política, implementada pelo governo do prefeito Michael Bloomberg, tinha bastante apoio popular. Ao longo da década passada, o número de paradas havia crescido 600 por cento, chegando a quase setecentas mil ocorrências. A vasta maioria dos que foram parados eram inocentes. Para eles, esses encontros eram bastante desagradáveis, até revoltantes. Ainda assim muitas pessoas associaram o programa com a queda drástica da criminalidade na cidade. Nova Iorque, muitos sentiam, estava mais segura. E as estatísticas indicavam o mesmo. Homicídios, que haviam atingido a marca de 2.245 em 1990, haviam caído para 515 em 2011 (e cairia para abaixo de 400 em 2014).

Todo mundo sabia que uma parte desproporcional das pessoas paradas pela polícia eram homens jovens de pele escura. Mas quantos haviam sido parados? E com que frequência esses encontros terminaram em prisões ou impediram crimes? Embora essa informação fosse tecnicamente pública, ela estava guardada numa base de dados de difícil acesso. O software não funcionava em nossos computadores ou eram aceitos em planilhas de Excel. Nosso trabalho na hackaton era abrir esse programa e liberar os dados para que pudéssemos analisar a natureza e efetividade do programa de parar-e-revistar.

O que descobrimos, sem muita surpresa, era que a imensa maioria desses encontros — cerca de 85% — envolvia homens jovens afro-americanos ou latinos. Em certos bairros, muitos deles eram parados repetidamente. Apenas 0,1%, ou uma pessoa a cada mil, tinha alguma ligação com um crime violento. Mas esse filtro capturava muitas outras por crimes menores, de posse de drogas a consumo de álcool por menores de idade, que de outro modo poderiam não ter sido descobertos. Alguns dos alvos, como se pode esperar, ficaram zangados, e uma boa porção destes foram indiciados por resistir à prisão.

A NYCLU processou o governo Bloomberg, alegando que a política do parar-e-revistar era racista. Era um exemplo de policiamento desigual, que colocava mais minorias dentro do sistema de justiça penal. Homens negros, defendiam, tinham seis vezes mais chances de serem encarcerados do que homens brancos e vinte e uma vezes mais chances de serem mortos pela polícia, ao menos de acordo com os dados disponíveis (que são conhecidamente subnotificados).

O parar-e-revistar não é exatamente uma ADM, porque depende de julgamento humano e não é formalizado num algoritmo. Mas é construído sobre um cálculo simples e destrutivo. Se a polícia parar mil pessoas em certos bairros, irão descobrir, em média, um suspeito significativo e vários menores. Isso não é tão diferente dos cálculos tiro-no-escuro usados por anunciantes predatórios ou spammers. Mesmo quando a taxa de sucesso é minúscula, se tiver oportunidades o suficiente irá alcançar o alvo. E isso ajuda a explicar porque o programa cresceu tão dramaticamente sob o comando de Bloomberg. Se parar seis vezes mais pessoas levou a seis vezes o número de prisões, o incômodo e assédio sofrido por milhares e milhares de pessoas inocentes era justificável. Não estariam eles interessados em parar o crime?

Contudo, o parar-e-revistar tinha aspectos semelhantes às ADMs. Por exemplo, possuía um ciclo malicioso de feedback, que pegou milhares de homens negros e latinos, muitos por terem cometido pequenos delitos que acontecem todo sábado à noite em qualquer festa de faculdade, sem punição. Mas enquanto a maioria dos universitários estavam livres para dormir até tarde depois dos excessos, as vítimas do parar-e-revistar eram fichadas, e algumas delas enviadas ao inferno do complexo penitenciário de Rikers Island. Além disso, cada prisão criou novos dados, justificando ainda mais essa política.

Conforme o parar-e-revistar cresceu, o venerável conceito legal de nexo causal, ou causa provável, tornou-se praticamente inútil, já que a polícia estava atrás não apenas de pessoas que podiam já ter cometido crimes, mas também daquelas que poderiam vir a cometer um no futuro. Às vezes, é claro, ela atingia esse objetivo. Ao prender um jovem cuja protuberância suspeita se revelou ser uma arma ilegal não registrada, eles podem estar salvando a comunidade de um assassinato ou assalto à mão armada, ou até mesmo uma série deles. Ou talvez não. Qualquer que seja o caso, havia lógica no parar-e-revistar, e muitos acharam-no persuasivo.

Mas era uma política inconstitucional? Em agosto de 2013, a juíza federal Shira A. Scheindlin determinou que sim. Ela disse que os policiais de modo rotineiro "paravam negros e hispânicos que não teriam sido parados se fossem brancos". O parar-e-revistar, ela escreveu, entrou em conflito com a Quarta Emenda, que protege contra irrazoável busca e apreensão feitas pelo governo, e também falhou em fornecer proteção equivalente garantida pela Décima Quarta Emenda. Ela pediu por amplas reformas na prática, incluindo aumento de uso de câmeras de vídeo corporais em policiais de patrulhamento. Isso ajudaria a estabelecer o nexo causal — ou a falta dele — e remover parte da opacidade do modelo parar-e-revistar. Mas não faria nada para resolver a questão do policiamento desigual.

Ao analisarmos as ADMs, muitas vezes somos confrontados com a escolha entre o que é justo e o que é eficaz. Nossas tradições legais pendem fortemente ao que é justo. A Constituição, por exemplo, presume inocência e foi concebida para valorizá-la. Da perspectiva de um modelador, a presunção de inocência é um entrave, e o resultado é que alguns culpados acabam soltos, especialmente os que podem pagar bons advogados. Mesmo aqueles julgados culpados têm o direito de recorrer de suas sentenças, o que consome tempo e recursos. Então o sistema sacrifica eficiências enormes pela promessa de justiça. O julgamento implícito da Constituição é que soltar alguém que pode muito bem ter cometido um crime, por falta de provas, representa um perigo menor para a sociedade do que prender ou executar uma pessoa inocente.

As ADMs, ao contrário, tendem a favorecer a eficiência. Por sua própria natureza, alimentam-

-se de dados que podem ser medidos e contados. Mas justiça é algo ensaboado e difícil de quantificar. São conceitos. E computadores, apesar de todos os seus avanços em linguagem e lógica, ainda se debatem penosamente com conceitos. Eles "entendem" beleza apenas como uma palavra associada ao Grand Canyon, pores do sol no mar e dicas de depilação da revista Vogue. Eles tentam em vão medir "amizade" contando curtidas e conexões no Facebook. E o conceito de justiça inteiramente os escapa. Programadores não sabem como programá-lo, e poucos de seus patrões os pedem para fazê-lo.

Então justiça não é calculada nas ADMs. E o resultado é a produção massiva e industrial de injustiça. Se pensar numa ADM como uma fábrica, injustiça é aquela coisa preta saindo das chaminés de fumaça. É um tipo de emissão tóxica.

A questão é se nós, enquanto sociedade, estamos dispostos a sacrificar um pouco de eficiência em prol da justiça. Devemos comprometer os modelos, deixando alguns dados de fora? É possível, por exemplo, que adicionar gigabytes de dados sobre comportamento antissocial possa ajudar o PredPol a prever as coordenadas de mapeamento de crimes graves. Mas isso vem ao custo de um ciclo malicioso de feedback. Assim, eu diria que devemos descartar os dados.

É uma defesa difícil de fazer, semelhante em muitos aspectos às disputas sobre vigilância feitas pela Agência de Segurança Nacional. Defensores da espionagem argumentam que os grampos são importantes para a nossa segurança. E quem comanda nosso vasto aparato de segurança nacional manterá a pressão por mais informações para cumprir sua missão. Irão continuar invadindo a privacidade das pessoas até captarem a mensagem de que devem achar um jeito de fazer seu trabalho dentro dos limites da Constituição. Pode ser mais difícil, mas é necessário.

A outra questão é a igualdade. Estaria a sociedade disposta a sacrificar o conceito de nexo causal se todos tivessem de sofrer o constrangimento e indignidade do parar-e-revistar? A polícia de Chicago possui o seu próprio programa do tipo. Em nome da equidade, que tal se enviassem um bando de policiais para a exclusiva e seleta Costa Dourada da cidade? Talvez prendessem corredores de rua por atravessar fora da faixa desde o parque da W. North Boulevard ou reprimissem poodles fazendo cocô ao longo da Lakeshore Drive. Essa presença intensificada da polícia provavelmente pegaria mais motoristas dirigindo depois de beber e talvez descobriria alguns casos de fraude de seguro, violência doméstica ou extorsão. Esporadicamente, apenas para dar a todos um gosto da experiência pura, os policiais poderiam jogar cidadãos ricos na traseira da viatura, torcer seus braços e botar as algemas, talvez enquanto os xingam e os chamam por nomes detestáveis.

Com o tempo, este foco na Costa Dourada criaria dados. Eles iriam descrever o aumento da criminalidade no local, o que atrairia ainda mais policiamento para o combate. Isso sem dúvidas levaria a mais raiva e confrontações. Imagino alguém parando em fila dupla respondendo aos policiais, recusando-se a sair de sua Mercedes, e deparando-se com acusações de resistência à prisão. Mais um crime na Costa Dourada.

Pode parecer não tão sério. Mas uma parte crucial da justiça é a igualdade. E isso significa, dentre muitas outras coisas, experimentar a justiça criminal de modo igual. Pessoas que favorecem políticas como o parar-e-revistar deveriam elas próprias experimentá-las. A justiça não pode ser apenas algo que uma parte da sociedade impõe sobre outra.

Os efeitos nocivos do policiamento desigual, quer seja do parar-e-revistar ou de modelos de previsão como o PredPol, não terminam quando os acusados são presos e fichados no sistema de justiça penal. Uma vez lá, muitos deles são confrontados com outra ADM que mostrei no capítulo 1, o modelo de reincidência usado para diretrizes de sentenças. Os dados tendenciosos do policiamento desigual afunilam-se perfeitamente dentro desse modelo. Os juízes então veem essa análise supostamente científica, cristalizada numa única pontuação de risco. E aqueles que levam essa pontuação a sério têm motivos para dar penas maiores a prisioneiros que parecem representar um risco maior de cometer outros crimes.

E por que detentos não brancos de bairros pobres têm mais probabilidade de cometer crimes? De acordo com as entradas de dados dos modelos de reincidência, é porque eles têm mais chances de estar desempregados, não ter o segundo grau completo e ter tido problemas anteriores com a lei. E seus amigos também.

Outro modo de ver os mesmos dados, porém, é que esses detentos moram em bairros pobres com péssimas escolas e oportunidades escassas. E são altamente policiados. Então as chances de que um ex-presidiário voltando àquele bairro irá esbarrar com a lei são com certeza maiores que um sonegador de impostos que é solto num bairro nobre arborizado. Nesse sistema, os pobres e não brancos são punidos mais por serem quem são e morarem onde moram.

Além disso, em se tratando de sistemas supostamente científicos, os modelos de reincidência têm falhas lógicas. O pressuposto inconteste é que prender detentos de "alto risco" por mais tempo torna a sociedade mais segura. É verdade, é claro, que detentos não cometem crimes contra a sociedade enquanto estão presos. Mas é possível que o tempo gasto na prisão tenha um efeito sobre seu comportamento uma vez que sejam soltos? Há alguma chance de que passar anos dentro de um ambiente brutal cercado de delinquentes pode torná-los mais propensos, e não menos, a cometer outro crime? Tal achado iria enfraquecer a própria base das diretrizes de condenação por reincidência. Mas os sistemas penitenciários, que estão repletos de dados, não realizam essa tão importante pesquisa. Com demasiada frequência utilizam os dados para justificar o funcionamento do sistema, mas não para questioná-lo ou melhorá-lo.

Compare essa atitude com a da Amazon. com. A gigante varejista, como o sistema de justiça penal, é altamente focada numa forma de reincidência. Mas o objetivo da Amazon é o oposto. Ela quer que as pessoas voltem vez após vez para fazer compras. Seu sistema de software visa a reincidência e a incentiva.

Agora, se a Amazon operasse como o sistema de justiça, começaria pontuando clientes como reincidentes em potencial. Talvez mais deles vivam em determinados CEPs ou tenham diploma de curso superior. Neste caso, a Amazon faria mais propaganda para essas pessoas, talvez oferecendo-lhes descontos, e se esse marketing funcionasse, aqueles com maior pontuação de reincidência voltariam para fazer mais compras. Se vistos de modo superficial, os resultados pareceriam corroborar com o sistema de pontuação da Amazon.

Mas ao contrário das ADMs da justiça criminal, a Amazon não se contenta com correlações tão furadas. A empresa tem um laboratório de dados. E se ela quiser descobrir o que leva à reincidência de compras, ela realiza pesquisas. Seus cientistas de dados não estudam apenas CEPs e níveis de escolaridade. Eles também inspecionam a experiência das pessoas dentro do ecossistema da Amazon. Podem começar olhando para os padrões de todas as pessoas que fizeram uma ou duas compras na Amazon e nunca voltaram. Tiveram problemas no checkout? As encomendas chegaram no prazo? Uma porcentagem alta delas postou uma resenha ruim? As perguntas não param, porque o futuro da empresa depende de um sistema que aprende continuamente, um que descubra o que motiva os clientes.

Se eu tivesse a oportunidade de ser cientista de dados do sistema judicial, faria o meu melhor para investigar profundamente sobre o que acontece dentro daqueles presídios e qual impacto essas experiências têm no comportamento dos detentos. Primeiro examinaria o confinamento em solitária. Centenas de milhares de detentos são mantidos por vinte e quatro horas do dia nessas prisões dentro das prisões, a maioria delas não maior que uma baia de cavalo. Pesquisadores descobriram que o tempo na solitária produz sentimentos profundos de desesperança e desespero. Isso poderia ter algum impacto sobre a reincidência? É um teste que eu adoraria fazer, mas não sei se os dados são sequer coletados.

E sobre estupro? Em Unfair: The New Science of Criminal Injustice, Adam Benforado escreve que certos tipos de detentos são alvos de estupros nas prisões. Os jovens e de baixa estatura são especialmente vulneráveis, assim como os deficientes mentais. Algumas dessas pessoas vivem por anos como escravos sexuais. É outra questão importante de ser analisada, com a qual qualquer um com dados relevantes e expertise poderia trabalhar, mas os sistemas penitenciários até então não têm tido interesse em catalogar os efeitos de longo prazo deste abuso.

Um cientista sério também procuraria por sinais positivos da experiência prisional. Qual o impacto de mais luz solar, mais esportes, melhor comida, ensino e alfabetização? Talvez esses fatores farão melhorar o comportamento dos detentos depois de soltos. Mais provavelmente, terão impacto variável. Um programa sério de pesquisa do sistema de justiça se aprofundaria a respeito dos efeitos de cada um desses elementos, como se correlacionam e quais pessoas têm mais chances de ajudar. O objetivo, se os dados forem usados de modo construtivo, seria otimizar os presídios —

muito ao modo como empresas do tipo da Amazon otimizam sites ou redes de fornecimento — para o benefício dos detentos e da sociedade em geral.

Mas os presídios têm todo incentivo para evitar essa abordagem baseada em dados. Os riscos de relações públicas são grandes demais — nenhuma cidade quer ser objeto de uma reportagem mordaz no New York Times. E, é claro, há dinheiro grande surfando no superlotado sistema penitenciário. Presídios privados, que abrigam apenas 10% da população carcerária, são uma indústria de US$ 5 bilhões. Tal qual companhias aéreas, os presídios privados lucram apenas quando rodam em capacidade elevada. Cutucar demais pode ameaçar essa fonte de renda.

Então, em vez de analisar e otimizar os presídios, lidamos com eles como caixas-pretas. Os detentos entram e somem de nossas vistas. Maldades ocorrem, sem dúvidas, mas atrás de grossas paredes. O que acontece lá dentro? Não pergunte. Os modelos atuais teimam em se ater à hipótese duvidosa e inquestionável de que mais tempo de prisão para prisioneiros supostamente de alto risco nos deixa mais seguros. E se estudos parecerem alterar essa lógica, eles podem ser facilmente ignorados.

E isso é exatamente o que acontece. Considere um estudo de reincidência do professor de economia Michael Mueller-Smith, de Michigan.

Depois de estudar 2,6 milhões de registros criminais do tribunal do Condado de Harris, Texas, ele concluiu que quanto mais tempo os detentos do condado passam presos, maiores as chances de falharem em encontrar emprego após a soltura, maior a necessidade de vale-alimentação e assistência social, maior a probabilidade de cometer outros crimes. Mas para transformar tais conclusões em políticas inteligentes e melhor justiça, políticos terão de se posicionar em favor de uma minoria temida que muitos (se não a maioria) dos eleitores iria preferir ignorar. É uma ideia difícil de vender.

<☠/>

O parar-e-revistar pode parecer invasivo e injusto, mas em pouco tempo também será visto como primitivo. Isso porque a polícia está trazendo ferramentas e técnicas da campanha global contra o terrorismo e as usando no combate ao crime local. Em San Diego, por exemplo, a polícia não apenas pede por documentos e revista pessoas. Às vezes, também tiram fotos delas com iPads e as enviam para um serviço de reconhecimento facial baseado em nuvem, que os compara com um banco de dados de suspeitos e criminosos. De acordo com uma reportagem do New York Times, a polícia de San Diego usou esse programa de reconhecimento facial em 20.600 pessoas entre 2011 e 2015. Também sondaram muitas delas com cotonetes bucais para coleta de DNA.

Avanços na tecnologia de reconhecimento facial em breve permitirão a vigilância muito mais ampla. Agentes de Boston, por exemplo, estavam considerando o uso de câmeras para escanear milhares de rostos em shows ao ar livre. Esses dados seriam enviados a um serviço que poderia comparar cada rosto com um milhão de outros rostos por segundo. No fim, os agentes decidiram contra. A preocupação quanto à privacidade, nessa ocasião, superou a eficiência. Mas este não será sempre o caso.

Conforme a tecnologia avança, certamente veremos um crescimento dramático da vigilância. A boa notícia, se quiser chamar assim, é que quando milhares de câmeras de segurança em nossas cidades e municípios estiverem enviado nossas imagens para análise, a polícia não terá de discriminar tanto. E a tecnologia sem dúvidas será útil para rastrear suspeitos, como aconteceu no atentado à bomba na maratona de Boston. Mas significa que estaremos todos sujeitos a uma forma digital do parar-e-revistar e ter nossos rostos comparados com uma base de dados de criminosos e terroristas conhecidos.

O foco então poderá muito bem mudar em direção a detectar possíveis infratores da lei — não apenas bairros ou quadras num mapa, mas indivíduos. Essas campanhas de prevenção, já muito bem estabelecidas na luta contra o terrorismo, são terreno fértil para ADMs.

Em 2009, o Departamento de Polícia de Chicago recebeu US$ 2 milhões de financiamento do Instituto Nacional de Justiça para desenvolver um programa de previsão de crimes. A teoria por trás da aplicação vencedora de Chicago era que com dados e pesquisas suficientes pode-se conseguir demonstrar que a disseminação do crime, como uma epidemia, segue certos padrões. Pode ser prevista e, com sorte, evitada.

O líder científico da iniciativa de Chicago foi Miles Wernick, diretor do Centro de Pesquisas de Imagiologia Médica do Illinois Institute of Technology (IIT). Décadas antes, Wernick havia ajudado as forças armadas dos EUA a analisar dados para selecionar alvos no campo de batalha. Daí passou para análise de dados médicos, incluindo progressão da demência. Mas como a maioria dos cientistas de dados, ele não considerava sua expertise atrelada a um setor específico. Ele identificava padrões. E seu foco em Chicago seria os padrões do crime, e dos criminosos.

Os esforços iniciais da equipe de Wernick se concentravam em destacar locais repletos de crimes, assim como o PredPol. Mas a equipe de Chicago foi muito além. Eles desenvolveram uma lista de aproximadamente quatrocentas pessoas com mais chances de cometer um crime violento. E as classificou com base na probabilidade de que iriam se envolver em um homicídio.

Uma das pessoas na lista, um jovem de 22 anos que abandonou o ensino médio chamado Robert McDaniel, atendeu à porta de casa num dia de verão em 2013 e se viu diante de uma policial. McDaniel depois disse ao Chicago Tribune que não possuía histórico de posse ilegal de armas e nunca havia sido acusado por crimes violentos. Como muitos dos jovens em Austin e do perigoso bairro de West Side, McDaniel havia tido encontros com a lei, e conhecia muitas pessoas envolvidas com o sistema de justiça criminal. A policial, ele contou, disse que a corporação estava de olho nele e que devia tomar cuidado.

Parte da análise que levou a polícia até McDaniel envolvia suas redes sociais. Ele conhecia criminosos. E não há como negar que as pessoas são estatisticamente mais propensas a se comportar como aquelas com quem passam mais tempo junto. O Facebook, por exemplo, descobriu que amigos que se comunicam com frequência têm muito mais chances de clicarem no mesmo anúncio. Estatisticamente falando, a farinha é do mesmo saco.

E, para ser justa com a polícia de Chicago, eles não estão prendendo pessoas como Robert McDaniel, pelo menos não ainda. A meta da polícia neste exercício é salvar vidas. Se quatrocentas pessoas que parecem mais propensas a cometer crimes violentos recebem uma visita e um aviso, talvez algumas delas pensarão duas vezes antes de andarem armadas.

Mas consideremos o caso de McDaniel em termos de justiça. Aconteceu de ele ser criado num bairro pobre e perigoso. Nisto, não teve sorte. Ele foi cercado pelo crime, e muitos de seus conhecidos acabaram envolvidos. E basicamente por conta dessas circunstâncias — e não por suas próprias ações — ele foi considerado perigoso. Agora a polícia está de olho nele. E se ele se comportar de forma tola e insensata, como o fazem milhões de outros norte-americanos com frequência, se ele comprar drogas ou participar de uma briga de bar ou portar uma arma não registrada, a força total da lei cairá sobre ele, e provavelmente de modo mais duro do que cairia na maioria de nós. Afinal, ele foi avisado.

Eu afirmaria que o modelo que levou a polícia à casa de Robert McDaniel possui o objetivo errado. Em vez de simplesmente tentar erradicar crimes, a polícia deveria estar tentando construir relações na vizinhança. Esse era um dos pilares do estudo original das "janelas quebradas". Os policiais estavam à pé, conversando com as pessoas, tentando ajudá-las a manter seus próprios padrões comunitários. Mas esse objetivo, em muitos casos, foi perdido, atropelado pelo rolo compressor dos modelos que equiparam detenções e segurança.

Esse não é o caso em todo lugar. Recentemente visitei Camden, Nova Jersey, que era a capital nacional de homicídios em 2011. Descobri que o departamento de polícia de Camden, reconstruído e posto sob controle estatal em 2012, tinha um duplo mandato: diminuir a criminalidade e ganhar a confiança da comunidade. Se criar confiança for a meta, uma detenção pode muito bem se tornar o último recurso, não o primeiro. Essa abordagem mais empática poderia levar a relações mais amenas entre os policiais e os policiados, e menos tragédias como as que vimos nos anos recentes — as mortes de jovens negros pela polícia e os protestos que se seguiram.

De um ponto de vista matemático, no entanto, confiança é difícil de quantificar. Esse é um desafio para quem cria modelos. Infelizmente, é muito mais simples manter a contagem de detenções e criar modelos que nos considera como farinha do mesmo saco e nos trata como tal. Pessoas inocentes cercadas por criminosos são maltratadas, e criminosos cercados de público cumpridor da lei ganham salvo-conduto. E por causa da forte correlação entre pobreza e notificação de crimes, os pobres continuam sendo pegos nessas diligências policiais digitais. O resto de nós mal precisa pensar a respeito.

INAPTO PARA SERVIR
Conseguindo um Emprego

Alguns anos atrás, um jovem chamado Kyle Behm tirou uma licença dos estudos na Universidade Vanderbilt. Ele sofria de transtorno bipolar e precisava de tempo para fazer o tratamento. Um ano e meio depois, Kyle estava saudável o bastante para retomar os estudos numa outra faculdade. Por volta dessa época, ele soube por meio de um amigo a respeito de um emprego de meio-período no Kroger. Era apenas uma vaga de salário mínimo num supermercado, mas parecia algo certo. Seu amigo, que estava deixando o emprego, poderia indicá-lo.

Para um aluno de alto desempenho como Kyle, a solicitação parecia ser apenas uma formalidade.

Mas Kyle não foi chamado para uma entrevista. Quando perguntou, seu amigo explicou que ele havia sido "barrado" pelo teste de personalidade que fez quando se candidatou ao cargo. O teste fazia parte de um programa de seleção de candidatos desenvolvido pela Kronos, uma empresa de recursos humanos sediada em Boston. Quando Kyle contou a seu pai, Roland, um advogado, o que havia ocorrido, seu pai lhe perguntou sobre que tipo de perguntas haviam sido feitas no teste. Kyle disse que eram parecidas com as perguntas do teste "Modelo dos Cinco Grande Fatores", que ele tinha respondido no hospital. O teste avalia pessoas por extroversão, amabilidade, conscienciosidade, neuroticismo e abertura a ideias.

A princípio, perder um emprego de salário-mínimo por conta de um teste duvidoso não parecia grande coisa. Roland Behm pediu a seu filho que tentasse em outro lugar. Mas Kyle voltava todas as vezes com as mesmas notícias. As empresas em que ele se candidatava estavam todas usando o mesmo teste, e ele não era chamado para as entrevistas. Roland depois se lembraria: "Kyle me disse, 'eu tinha uma pontuação SAT quase perfeita e cursava a Vanderbilt alguns anos atrás. Se eu não consigo nem um emprego de meio período, de salário mínimo, quão defeituoso eu estou?' e eu disse, 'não acho que tenha tanto defeito assim'".

Mas Roland Behm estava perplexo. Perguntas sobre saúde mental pareciam estar boicotando seu filho no mercado de trabalho. Ele decidiu investigar e logo descobriu que testes de personalidade estavam de fato sendo amplamente usados para contratação em grandes empresas. E, no entanto, ele encontrou pouquíssimas contestações legais a essa prática. Conforme me explicou, pessoas que tentam uma vaga e são barradas raramente sabem que foram rejeitadas por conta dos resultados do teste. Mesmo quando sabem, é pouco provável que contatem um advogado.

Behm então enviou notificações a sete empresas — Kroger, Finish Line, Home Depot, Lowe's, PetSmart, Walgreen Co., e Yum Brands — informando-lhes de sua intenção de entrar com processo de ação coletiva alegando que o uso do teste durante um processo de contratação era ilegal.

O processo, até o momento em que escrevo, continua pendente. A argumentação provavelmente será na direção da possibilidade de se considerar o teste da Kronos como exame médico, cujo uso é proibido em contratações sob a Lei dos Portadores de Deficiências de 1990. Se este for o caso, o tribunal terá de decidir se são as próprias empresas contratantes as responsáveis por infringir a lei, ou se a Kronos.

A questão para este livro é como sistemas automáticos nos julgam quando procuramos emprego e quais critérios avaliam. Já vimos ADMs envenenando o processo de ingresso universitário, tanto para os ricos como para a classe média. Entrementes, ADMs na justiça penal amarram milhões, a vasta maioria deles pobres, muitos dos quais nunca tiveram a chance de sequer frequentar uma universidade. Membros de ambos os grupos encaram desafios radicalmente diferentes. Mas eles também têm algo em comum. No fim das contas, todos precisam de um emprego.

Encontrar trabalho costumava ser, em grande medida, uma questão de quem você conhece. Kyle Behm de fato estava seguindo o caminho tradicional quando tentou a vaga no Kroger. Seu amigo o havia avisado sobre o posto e feito a indicação. Por décadas foi assim que as pessoas colocavam o pé para dentro, seja em mercearias, docas, bancos ou escritórios de advocacia. Os candidatos então geralmente passavam por uma entrevista na qual um gerente tentaria ter uma ideia deles. Com frequência isso se traduzia num único julgamento básico: essa pessoa é parecida comigo ou com outras com quem me dou bem? O resultado era uma falta de oportunidade aos desempregados sem um amigo lá dentro, especialmente se vinham de diferentes raças, grupos étnicos ou religiões. Mulheres também se viam excluídas desse jogo de privilégio.

Empresas como a Kronos aplicaram ciência nos recursos humanos corporativos em parte para tornar esse processo mais justo. Fundada nos anos 1970 por graduados do MIT, o primeiro produto da Kronos foi um novo tipo de relógio de ponto, um equipado com um microprocessador que somava as horas de trabalho dos funcionários e as relatava automaticamente. Pode soar banal, mas foi o começo das mudanças eletrônicas (agora ultravelozes) para se rastrear e otimizar a força de trabalho.

Conforme a Kronos cresceu, ela desenvolveu uma ampla gama de ferramentas de gestão da força de trabalho, incluindo um programa de software, Workforce Ready HR, que prometia eliminar "conjecturas" em processos de contratação, de acordo com o site: "Podemos ajudá-lo a filtrar, contratar e integrar candidatos com maior probabilidade de serem produtivos — os funcionários mais adequados que terão desempenhos melhores e permanecerão no trabalho por mais tempo".

A Kronos é parte de um setor em expansão. O negócio das contratações está se automatizando, e muitos dos novos programas incluem testes de personalidade como o feito por Kyle Behm. É hoje um negócio de US$ 500 milhões anuais crescendo de 10 a 15% ao ano, de acordo com a empresa de testes Hogan Assessment Systems Inc. Tais testes são agora usados em 60 a 70% dos candidatos nos Estados Unidos (eram de 30 a 40% cinco anos atrás), de acordo com estimativa de Josh Bersin da consultoria Deloitte.

Naturalmente, esses programas de contratação não incorporam informações sobre qual seria a real performance do candidato na empresa. Isso está no futuro, portanto é desconhecido. Então, como muitos outros programas de Big Data, eles contentam-se com proxies, os indicadores aproximados. E, como vimos, proxies na certa serão inexatos e muitas vezes injustos. Aliás, a Suprema Corte decidiu, num caso de 1971, Griggs vs Duke Power Company, que testes de inteligência para contratação eram discriminatórios e portanto ilegais. Poderíamos imaginar que esse caso desencadeou algum exame de consciência. Em vez disso, o setor simplesmente optou por alternativas, incluindo os testes de personalidade como o que barrou Kyle Behm.

Mesmo pondo de lado questões de equidade e legalidade, pesquisas indicam que testes de personalidade são maus previsores de performance no trabalho. Frank Schmidt, professor de negócios da Universidade de Iowa, analisou um século de dados de produtividade no trabalho para medir o valor preditivo de vários processos de seleção. Testes de personalidade ficaram em posições baixas na escala — eram três vezes menos preditivos que exames cognitivos, e menos ainda que checagem de referências. Isso é especialmente irritante porque certos testes de personalidade, segundo pesquisas, podem de fato ajudar empregados a se entenderem melhor. Também podem ser usados para consolidação de uma equipe e melhorar a comunicação. Afinal, criam uma situação na qual as pessoas pensam explicitamente sobre como trabalhar juntas. Essa intenção por si só pode acabar criando um melhor ambiente de trabalho. Em outras palavras, se o objetivo for um trabalhador mais feliz, testes de personalidade podem ser uma ferramenta útil.

Mas, em vez disso, estão sendo usados como um filtro para eliminar candidatos. "O propósito principal do teste", disse Roland Behm, "não é encontrar o melhor funcionário. É excluir o maior número de pessoas possível, da forma mais barata possível".

Você pode achar que testes de personalidade são fáceis de burlar. Se for na internet e responder o Five Factor Personality Test, parece moleza. Uma pergunta: "Tem variação frequente de humor?". Provavelmente seria inteligente responder "muito impreciso". Outra: "Se irrita facilmente?". Outra vez, responda não. Poucas empresas contratariam esquentadinhos.

Na realidade, as empresas podem ter problemas por selecionar candidatos com base em tais perguntas. Autoridades reguladoras de Rhode

Island descobriram que a CVS Pharmacy estava filtrando de modo ilegal candidatos com doenças psíquicas quando um teste de personalidade pedia aos entrevistados para concordar ou discordar com afirmações tais quais "Pessoas fazem muitas coisas que te deixam nervoso" e "Não adianta ter amigos próximos; eles sempre te decepcionam". Perguntas mais elaboradas, mais difíceis de burlar, tem mais chances de evitar que as empresas tenham problemas. Consequentemente, muitos dos testes usados hoje forçam os entrevistados a tomarem decisões difíceis, deixando-os com uma sensação ruim de "se correr o bicho pega, se ficar o bicho come".

O McDonald's, por exemplo, pediu aos candidatos que escolhessem qual das seguintes frases melhor os descrevia:

"É difícil manter-se animado quando há muitos problemas para resolver" ou "Às vezes, preciso de um empurrãozinho para começar meu trabalho".

O Wall Street Journal pediu que um psicólogo empresarial, Tomas Chamorro-Premuzic, analisasse questões espinhosas como essas. O primeiro item, ele disse, capturava "diferenças individuais em neuroticismo e conscienciosidade"; o segundo, "baixa ambição e ímpeto". Assim, o candidato está se declarando culpado por ser irritadiço ou preguiçoso.

Uma questão do Kroger era bem mais simples: Qual adjetivo melhor o descreve no trabalho, ímpar ou organizado?

Responder "ímpar", disse Chamorro-Premuzic, captura "maior autoconceito, abertura e narcisismo", enquanto "organizado" expressa conscienciosidade e autocontrole.

Note que não há a opção de responder "todas as anteriores". Os candidatos devem escolher uma opção, sem nenhuma pista de como o programa irá interpretá-la. E algumas das análises tirarão conclusões desfavoráveis. Se você for a uma aula de jardim da infância em grande parte do país, por exemplo, vai ser comum ouvir os professores enfatizarem às crianças que elas são especiais, ímpares. É uma tentativa de melhorar a autoestima delas e, é claro, é verdade. No entanto, doze anos depois, quando aquele aluno escolher "ímpar" num teste de personalidade tentando uma vaga de salário mínimo, o programa pode ler a resposta como um alerta: quem quer uma força de trabalho cheia de narcisistas?

Defensores dos testes observam que eles apresentam várias perguntas e nenhuma resposta sozinha pode desqualificar um candidato. Certos padrões de respostas, entretanto, podem e o fazem. E nós não sabemos que padrões são esses. Não nos dizem o que os testes estão procurando. O processo é totalmente opaco.

E pior, depois que o modelo é calibrado por técnicos especialistas, recebe muito pouco feedback. Novamente, os esportes fornecem um bom contraste neste caso. A maioria das equipes profissionais de basquete empregam geeks de dados, pessoas que rodam modelos que analisam jogadores por uma série de métricas, incluindo velocidade dos pés, salto vertical, porcentagem de lances livres e diversas outras variáveis. Quando chega a hora de contratar jovens jogadores universitários, o Los Angeles Lakers pode deixar passar um talentoso armador vindo da Duke, porque suas estatísticas de assistência são baixas. Armadores precisam ser bons em assistência. Mas no ano seguinte eles ficam espantados em ver que aquele jogador rejeitado venceu o prêmio de Novato do Ano pelo Utah Jazz e é líder em assistências da liga. Em tal caso, os Lakers podem voltar ao modelo e ver onde foi que erraram. Talvez o time universitário estivesse contando com ele para marcar mais cestas, o que penalizava seus números de assistência. Ou talvez ele tenha aprendido algo importante sobre passes no Utah. Seja qual for o caso, eles podem trabalhar para melhorar o modelo.

Agora imagine que Kyle Behm, depois de ter sido barrado no Kroger, consegue um emprego no McDonald's. Ele se transforma num funcionário exemplar. Em quatro meses passa a ser gerente da cozinha, e um ano depois da franquia inteira. Alguém no Kroger vai voltar ao teste de personalidade e investigar como foi que cometeram tamanho erro?

Sem chance alguma, eu diria. A diferença é essa: times de basquete estão gerenciando indivíduos, cada um com o potencial de valer milhões de dólares. Seus motores de análises são cruciais para sua vantagem competitiva, e estão famintos por dados. Sem feedback constante, esses sistemas ficam burros e obsoletos. As empresas contratando trabalhadores por salário mínimo, em contrapartida, estão gerenciando multidões. Elas cortam despesas ao substituir profissionais de recursos humanos por máquinas, e essas máquinas filtram grandes populações em grupos mais manejáveis. A não ser que algo dê muito errado com a força de trabalho — um surto de cleptomania, digamos, ou queda drástica de produtividade — a empresa tem poucos motivos para ajustar o modelo de filtragem. Ele está fazendo o seu trabalho — mesmo que deixando passar as potenciais estrelas.

A empresa pode estar satisfeita com o status quo, mas as vítimas de seus sistemas automáticos sofrem. E, como você poderia esperar, eu considero que testes de personalidade em processos seletivos sejam ADMs. Preenchem todos os requisitos. Um, têm uso difundido e causam impacto enorme. O teste da Kronos, com todos os seus defeitos, é escalonado em grande parte do setor de contratações. Sob o status quo anterior, os empregadores sem dúvida tinham parcialidades e vieses. Mas esses vieses variavam de empresa a empresa, o que poderia abrir algumas portas para pessoas como Kyle Behm. Isso é cada vez mais raro. E Kyle foi, em certa medida, sortudo. Candidatos a vagas, especialmente aquelas de salário mínimo, são rejeitados o tempo todo e raramente descobrem o porquê. Foi por acaso que o amigo de Kyle soube do motivo e lhe contou a respeito. Mesmo assim, o caso contra os grandes usuários da Kronos provavelmente não teria ido a lugar algum se o pai de Kyle não fosse um advogado, um com tempo e dinheiro o suficiente para montar uma ampla contestação legal. Este raramente é o caso de candidatos a empregos de baixo nível. (Sim, é verdade que muitos alunos universitários trabalham por um verão ou dois em vagas de salário mínimo. Mas se tiverem uma péssima experiência lá, ou forem mal-avaliados por uma ADM arbitrária, só faz reforçar a mensagem que devem se esforçar na faculdade e deixar para trás esses empregos infernais.)

Por fim, leve em conta o ciclo de feedback que o teste de personalidade da Kronos gera. Barrar pessoas com certos problemas de saúde mental as impede de terem um emprego normal e levarem uma vida normal, isolando-as ainda mais. É exatamente isso que a Lei dos Portadores de Deficiências tenta evitar.

<\☠/>

A maioria dos candidatos a vagas de emprego, felizmente, não são boicotados por sistemas automáticos. Mas eles ainda enfrentam o desafio de colocar o currículo no topo da pilha e conseguir uma entrevista. Isso há muito tem sido um problema para minorias étnicas e raciais, bem como para mulheres.

Em 2001 e 2002, antes da expansão dos leitores automáticos de currículos, pesquisadores da Universidade de Chicago e do MIT enviaram cinco mil currículos falsos para vagas anunciadas no Boston Globe e no Chicago Tribune. Os trabalhos variavam de funções administrativas em escritórios a atendimento ao cliente e vendas. Cada currículo foi modelado por raça. Metade possuía nomes tipicamente brancos como Emily Walsh e Brendan Baker, enquanto os demais, com qualificações semelhantes, levavam nomes como Lakisha Washington e Jamaal Jones, que soariam afro-americanos. Os pesquisadores descobriram que nomes brancos recebiam 50% mais chamadas que os negros. Mas uma descoberta secundária foi talvez ainda mais impressionante. Os candidatos brancos com currículos fortes recebiam muito mais atenção que brancos com currículos fracos; quando se tratava de candidatos brancos, aparentemente, os gerentes de contratação prestavam atenção. Mas entre os negros, os currículos mais fortes mal faziam diferença. O mercado de contratações claramente ainda estava envenenado por preconceito.

A forma ideal de contornar tal preconceito é considerar às cegas os candidatos. Orquestras, que há muito tempo eram dominadas por homens, começaram nos anos 1970 a fazer audições com músicos escondidos atrás de uma cortina. Contatos e reputações de repente não tinham mais valor. Tampouco a raça ou alma mater do músico. A música soando por detrás da cortina falava por si. Desde então, a porcentagem de mulheres tocando em grandes orquestras saltou por um fator de cinco — apesar de elas ainda comporem apenas um quarto do grupo.

O problema é que poucas profissões podem arquitetar testes tão equilibrados assim aos candidatos. Músicos por trás da cortina podem realmente executar o trabalho para o qual estão se candidatando, seja um concerto para violoncelo de Dvorak ou bossa nova no violão. Em outras profissões, os empregados precisam buscar entre currículos por qualidades que possam prever sucesso.

Como se pode imaginar, departamentos de recursos humanos dependem de sistemas automáticos para peneirar as pilhas de currículos. De fato, cerca de 72% dos currículos nunca são vistos por olhos humanos. Programas de computador passam por eles, extraindo as habilidades e experiências que são procuradas pelo empregador. Então pontuam cada currículo de acordo com a adequação para a vaga. Cabe às pessoas no departamento de RH decidir qual a nota de corte, mas quanto mais candidatos puderem eliminar nessa primeira filtragem, menos horas de trabalho terão de gastar tratando dos melhores pontuadores.

Assim, candidatos devem elaborar seus currículos com esse leitor automático em mente. É importante, por exemplo, salpicar o currículo generosamente com palavras pelas quais as vagas estão buscando. Isso pode incluir posições (gerente de vendas, arquiteto de softwares, diretor financeiro), línguas (mandarim, Java) ou títulos e honrarias (summa cum laude, Eagle Scout).

Aqueles com informações mais recentes aprendem o que as máquinas mais apreciam e o que as confunde. Imagens, por exemplo, são inúteis. A maioria dos scanners de currículos ainda não as processam. E fontes tipográficas requintadas servem apenas para confundir as máquinas, diz Mona Abdel-Halim. Ela é co-fundadora do Resunate.com, uma ferramenta de inscrições em vagas de emprego. As mais seguras, ela diz, são as fontes comuns, como Ariel e Courier. E esqueça símbolos e setas. Só confundem as coisas, impedindo os sistemas automáticos de analisar as informações corretamente.

O resultado desses programas, assim como o ingresso à universidade, é que aqueles com dinheiro e recursos para preparar seus currículos aparecem no topo. Quem não toma esses passos pode nunca saber que estão enviando seus currículos para buracos negros. É mais um exemplo no qual os abastados e bem-informados têm vantagem e os pobres têm mais chances de ficar para trás.

Sendo justa, o negócio de currículos sempre teve algum tipo de viés. Em gerações anteriores, quem estava a par era cuidadoso em organizar os itens do currículo de forma clara e consistente, digitá-los num computador de qualidade, como um IBM Selectric, e imprimi-los em papel de alta qualidade. Currículos assim tinham mais chances de passar pelo crivo humano. Geralmente, currículos feitos à mão ou com manchas de máquinas de mimeógrafo acabavam sendo arquivados. Nesse sentido, caminhos desiguais às oportunidades não são novidade. Eles apenas voltaram numa nova encarnação, desta vez para guiar os vitoriosos da sociedade através de porteiros eletrônicos.

O tratamento desigual nas mãos desses porteiros vai muito além de currículos. Nossos meios de sustento dependem cada vez mais de nossa habilidade de conseguir convencer máquinas. O exemplo mais claro disso é o Google. Para negócios, seja uma pequena pousada ou uma oficina automecânica, o sucesso depende de aparecer na primeira página dos resultados da busca. Agora, indivíduos encaram desafios similares, quer seja conseguir uma entrevista de emprego, ser promovido — ou mesmo sobreviver à ondas de demissões. O segredo é saber o que as máquinas estão buscando. Mas aqui também, num universo digital dito justo, científico e democrático, os iniciados e inteirados encontram um jeito de obter vantagens cruciais.

<☠/>

Nos anos 1970, o setor de contratação da Faculdade de Medicina do St. George's Hospital, no bairro de Tooting, sul de Londres, viu uma oportunidade. Eles recebiam mais de doze candidatos para cada uma das 150 vagas abertas por ano. Vasculhar todas essas inscrições dava muito trabalho e exigia diversos avaliadores. E como cada um desses avaliadores possuía ideias e predileções distintas, o processo era inconstante. Seria possível programar um computador para classificar as inscrições e reduzir o campo até um número mais viável?

Grandes organizações, como Pentágono e IBM, já estavam usando computadores para tal trabalho. Mas uma faculdade médica criar seu próprio programa automático de avaliação no fim dos anos 70, quando a Apple lançava seu primeiro computador pessoal, era um experimento ousado.

Acabou, no entanto, por ser um fracasso total. O St. George's não foi apenas precoce no seu uso de modelagem matemática, ao que parece, mas também pioneiro involuntário das ADMs.

Como muitas das ADMs, o problema começou na partida, quando os administradores estabeleceram os objetivos do modelo. O primeiro era aumentar a eficiência, deixando a máquina lidar com muito do trabalho pesado. Iria automaticamente abater de 2 mil inscrições para 500, ponto em que os humanos assumiriam o controle com um longo processo de entrevistas. O segundo objetivo era a equidade. O computador permaneceria sem influência dos humores e preconceitos dos administradores, ou dos pedidos urgentes de lordes e chefes de gabinete. Nessa primeira triagem automática, cada candidato seria julgado pelos mesmos critérios.

E quais critérios seriam esses? Essa parecia ser a parte fácil. O St. George's já possuía registros volumosos das triagens dos anos anteriores. O trabalho era ensinar ao sistema computadorizado como replicar os mesmos procedimentos que eram seguidos por humanos. Como tenho certeza que você pode adivinhar, esses inputs foram o problema. O computador aprendeu com os humanos como discriminar, e realizou esse trabalho com uma eficiência de tirar o fôlego.

Para ser justa com os administradores do St. George's, nem toda a discriminação nos dados de treinamento eram explicitamente racistas. Uma boa parte das inscrições com nomes estrangeiros, ou de endereços estrangeiros, vinha de pessoas que claramente não haviam dominado a língua inglesa. Ao invés de considerar a possibilidade que ótimos médicos poderiam aprender o inglês, o que é óbvio hoje em dia, a tendência foi de simplesmente rejeitá-los. (Afinal, a faculdade precisava descartar três-quartos dos candidatos, e esse parecia um bom lugar para começar.)

Então, enquanto os seres humanos no St. George's há muito tempo jogavam fora inscrições cheias de erros gramaticais e ortográficos, o computador — analfabeto ele próprio — mal podia seguir o exemplo. Mas ele poderia correlacionar as inscrições rejeitadas do passado com locais de nascimento e, a menor grau, sobrenomes. Assim, pessoas de certos lugares, como África, Paquistão e bairros de imigrantes no Reino Unido recebiam pontuação menor e não eram chamadas para entrevistas. Um número desproporcional dessas pessoas eram não brancas. Os humanos também haviam rejeitado candidatas mulheres, com a comum justificativa de que suas carreiras provavelmente seriam interrompidas pelos deveres maternais. A máquina, naturalmente, fez o mesmo.

Em 1988, a Comissão para Igualdade Racial do governo britânico declarou a faculdade culpada por discriminação racial e de gênero em sua política de contratação. Cerca de sessenta dos 2 mil candidatos anuais, de acordo com a comissão, podem ter sido rejeitados puramente por conta de raça, etnicidade ou gênero.

A solução para os estatísticos do St. George's — e para aqueles em outros setores — seria criar uma versão digital de uma audição às cegas, eliminando proxies como localização geográfica, gênero, raça ou nome para concentrar-se somente em dados relevantes à formação médica. O segredo é analisar as habilidades que cada candidato traz à escola, e não julgá-lo ou julgá-la por comparação com pessoas que parecem semelhantes. E mais, um pouco de reflexões criativas poderiam ter abordado os desafios enfrentados por mulheres e estrangeiros. O relatório do British Medical Journal que acompanha a sentença da comissão dizia o mesmo. Se questões de idioma e cuidados infantis atrapalhavam candidatos que de outro modo seriam fortes, a solução não era rejeitá-los, mas auxiliá-los — seja com aulas de inglês ou creches no local — para os retirar dessas dificuldades.

Este é um ponto ao qual retornarei nos capítulos seguintes: vimos repetidamente que modelos matemáticos podem examinar dados para localizar pessoas que provavelmente enfrentarão grandes desafios, como o crime, pobreza ou educação. Cabe à sociedade escolher usar essa inteligência para rejeitá-los e puni-los — ou oferecer a ajuda e recursos de que precisam. Podemos usar a escala e a eficiência que tornam as ADMs tão perniciosas a fim de ajudar as pessoas. Tudo depende do objetivo que escolhermos.

<☠/>

Até agora, neste capítulo, analisamos modelos que filtram candidatos à vagas de emprego. Para a maioria das empresas, essas ADMs são projetadas para cortar custos administrativas e reduzir o risco de más contratações (ou aquelas que podem requisitar mais treinamento). O objetivo dos filtros, em resumo, é economizar dinheiro.

Departamentos de RH, é claro, também estão ávidos para economizar por meio das escolhas de contratação que fazem. Um dos maiores custos para uma empresa é a rotatividade de pessoal. Substituir um funcionário ganhando US$ 50 mil por ano custa à empresa cerca de 10 mil, ou 20% do salário anual daquele funcionário, de acordo com o Center for American Progress. Substituir um empregado de alto escalão pode custar várias vezes isso — chegando até duas vezes o salário anual.

Naturalmente, muitos modelos de contratação tentam calcular a probabilidade de cada candidato permanecer no cargo. A Evolv, Inc., agora parte da Cornerstone OnDemand, ajudou a Xerox a encontrar candidatos para seu centro de atendimento, que emprega mais de quarenta mil pessoas. O modelo de rotatividade levava em conta algumas das métricas mais óbvias, incluindo o tempo médio que a pessoa ficou em trabalhos anteriores. Mas também encontraram algumas correlações intrigantes. Pessoas que eram classificadas pelos sistemas como de "tipo criativo" tendiam a ficar mais tempo no emprego, enquanto aqueles que pontuavam alto para "curiosidade" tinham mais chances de colocar suas mentes questionadoras em direção à busca de outras oportunidades.

Mas a correlação mais problemática tinha a ver com localização geográfica. Candidatos que moravam longe do trabalho tinham mais chances de serem substituídos. Isso faz sentido: longos trajetos são cansativos. Mas os gerentes da Xerox notaram outra correlação. Muitas das pessoas sofrendo esses longos trajetos vinham de bairros pobres. Então a Xerox, de mérito próprio, removeu do modelo esses dados de rotatividade altamente correlacionados. A empresa sacrificou um pouco de eficiência em troca de justiça.

Enquanto a análise de rotatividade se concentra nos candidatos com mais chances de dar errado, o trabalho vital mais estratégico dos departamentos de RH é localizar futuras estrelas, pessoas cuja inteligência, inventividade e motivação podem mudar o curso de toda uma empresa. Nos altos escalões da economia, as empresas estão à caça de empregados que pensem criativamente e saibam trabalhar bem em equipe. Assim, o desafio do modelador é apontar com precisão, no vasto mundo do Big Data, as partes de informação que tem correlação com originalidade e habilidades sociais.

Currículos certamente não bastam. A maioria dos itens listados ali — a universidade de prestígio, os prêmios, até mesmo as habilidades — são proxies toscos para um trabalho de alta qualidade. Embora haja, sem dúvidas, alguma correlação entre proeza em tecnologia e um diploma de uma escola de ponta, está longe de ser perfeita. Muito do talento com software vem de outro lugar — pense em hackers de ensino médio. E mais, currículos são cheios de exageros e às vezes até mentiras. Com uma busca rápida pelo LinkedIn ou Facebook, um sistema pode olhar mais longe, identificando alguns dos colegas e amigos do candidato. Mas ainda é difícil transformar esses dados em uma previsão de que um certo engenheiro pode ser um encaixe perfeito numa consultoria de doze pessoas de Palo Alto ou Fort Worth. Encontrar alguém para preencher uma vaga como essa requer uma varredura de dados muito mais ampla e um modelo mais ambicioso.

Uma pioneira nesse campo é Gild, startup sediada em São Francisco. Indo muito além da formação e currículo de um candidato, a Gild revira milhões de sites de empregos, analisando o que chama de "dados sociais" de cada pessoa. A empresa desenvolve perfis de candidatos para seus clientes, em sua maioria empresas de tecnologia, mantendo-os atualizados conforme os candidatos adicionam novas habilidades. A Gild alega que consegue até prever quando um funcionário-estrela está para trocar de emprego e pode alertar suas empresas-clientes quando é a hora certa de fazer uma oferta. Mas o modelo da Gild tenta quantificar e também qualificar o "capital social" de cada trabalhador. Quão vital é essa pessoa na comunidade de colegas programadores? Eles contribuem e compartilham código? Digamos que um programador brasileiro — Pedro, chamemos assim — more em São Paulo e passe todas as noites, do jantar até uma da manhã, em comunhão com outros programadores do mundo todo, resolvendo problemas de computação em nuvem ou trocando ideias sobre algoritmos de jogos em sites como o GitHub ou Stack Overflow. O modelo poderia tentar avaliar a paixão de Pedro (que provavelmente receberia uma pontuação alta) e seu nível de envolvimento com os demais. Também avaliaria as habilidades e importância social de seus contatos. Aqueles com maiores seguidores contariam mais. Se o seu principal contato online por acaso fosse Sergey Brin, do Google, ou Palmer Luckey, fundador da criadora de realidade virtual Oculus VR, a pontuação social de Pedro com certeza iria lá para cima.

Mas modelos como o da Gild raramente recebem sinais tão explícitos dos dados. Então lançam uma rede maior, em busca de correlações com estrelas profissionais onde quer que estejam. E com mais de seis milhões de programadores em seu banco de dados, a empresa consegue encontrar todo tipo de padrão. Vivienne Ming, cientista-chefe da Gild, disse em entrevista à Atlantic Monthly que a empresa havia encontra um bando de talentos frequentando um certo site de mangá japonês. Se Pedro passa tempo nesse site de quadrinhos, é claro, não prevê seu estrelato. Mas, sim, aumenta sua pontuação.

Isso faz sentido para Pedro. Mas certos trabalhadores podem estar fazendo alguma outra coisa offline, que mesmo o mais sofisticado dos algoritmos não conseguiria inferir — ao menos não hoje. Podem estar cuidando de crianças, por exemplo, ou frequentando um grupo de leitura. O fato de candidatos não passarem seis horas toda noite discutindo mangá não deveria contar contra eles. E se, como a maior parte do mundo da tecnologia, aquele site estiver dominado por homens e possuir conotação sexual, um bom número de mulheres do setor provavelmente irá evitá-lo.

Apesar dessas questões, a Gild é apenas um dos atores. Ela não tem o peso de um gigante global e não está em posição de estabelecer um padrão único do setor. Comparada a alguns dos horrores que vimos antes — os anúncios predatórios afundando famílias em dívidas e os testes de personalidade excluindo pessoas das oportunidades — a Gild é inofensiva. Sua categoria de modelo preditivo tem mais a ver com recompensar pessoas do que puni-las. A análise sem dúvidas é desigual e certamente deixa passar algumas potenciais estrelas. Mas não acho que os mineradores de talentos já possam ser considerados ADMs.

Ainda assim, é importante notar que esses modelos de contratação e "integração" estão em constante evolução. O mundo dos dados continua se expandindo, com cada um de nós produzindo atualizações sobre nossas vidas em fluxos sempre crescentes. Todos esses dados irão abastecer nossos potenciais empregadores, dando-lhes conhecimento sobre nós.

Esse conhecimento será testado ou apenas usado para justificar o status quo e reforçar preconceitos? Quando levo em consideração o modo descuidado e egoísta como as empresas usam dados, sempre me lembro da frenologia, uma pseudociência que foi uma breve moda no século XIX. Frenologistas passavam os dedos pelo crânio do paciente, procurando por protuberâncias e reentrâncias. Cada uma, pensavam, estava ligada a traços de personalidade que existiam em vinte e sete regiões do cérebro. Normalmente, a conclusão do frenologista ficava em linha com as observações que ele havia feito. Se um paciente possuía ansiedade severa ou sofria de alcoolismo, a sondagem do crânio costumava mostrar saliências que se correlacionavam com aquela observação — o que, por sua vez, reforçava a fé na ciência da frenologia.

A frenologia era um modelo que dependia de bobagens pseudocientíficas para fazer declarações de autoridade, e por décadas não foi testado. O Big Data pode cair na mesma armadilha. Modelos como os que barraram Kyle Behm e boicotaram estudantes de medicina do St. George's podem impedir o acesso de pessoas, mesmo quando a "ciência" dentro deles não passa de um pacote de suposições não testadas.

BUCHA DE CANHÃO
Em serviço

Trabalhadores de grandes corporações dos Estados Unidos recentemente criaram um novo verbo: clopening, ou fechabrir, em português. É quando um funcionário trabalha até tarde da noite para fechar a loja ou café e então volta algumas horas depois, antes do amanhecer, para reabri-lo. Fazer o mesmo funcionário fechar e reabrir, ou fechabrir, costuma fazer sentido para a empresa do ponto de vista logístico. Mas isso leva a trabalhadores privados de sono e com horários malucos.

Horários extremamente irregulares estão se tornando cada vez mais comuns, e afetam especialmente trabalhadores com baixos salários em empresas como Starbucks, McDonald's e Walmart. Falta de avisos agravam o problema. Muitos funcionários descobrem apenas um ou dois dias antes que terão de trabalhar num turno noturno de quarta-feira ou tomar conta do horário de pico na sexta. Isso joga suas vidas no caos e estraga quaisquer planos de tomar conta dos filhos. Refeições são feitas como e quando puderem, assim como dormir.

Esses horários irregulares são um produto da economia dos dados. No último capítulo vimos como as ADMs fazem a peneira de candidatos, boicotando alguns e ignorando muitos outros. Vimos como o software muitas vezes traz preconceitos venenosos no código, aprendendo com registros passados a como ser injusto. Agora continuamos a jornada até o trabalho, onde ADMs focadas em eficiência tratam trabalhadores como engrenagens de uma máquina. O fechabrir é apenas um produto dessa tendência, que deve crescer conforme a vigilância se estende para o local de trabalho, dando mais forragem à economia dos dados.

Por décadas, antes das empresas estarem nadando em dados, fazer a escala de horários não tinha nada de científico. Imagine uma loja de materiais de construção, de propriedade familiar, cujos atendentes trabalham das 9 às 5, seis dias por semana. Num dado ano, a filha dos donos vai para a universidade. Quando ela volta durante as férias, vê o negócio com novos olhos. Ela nota que praticamente não há movimento nas manhãs de terça. A atendente navega no celular, sem interrupções. Isso é um ralo de renda. Por outro lado, aos sábados, clientes resmungões fazem filas.

Essas observações fornecem dados valiosos, e ela ajuda os pais a modelar o negócio com base neles. Começam fechando a loja nas manhãs de terça, e contratando um funcionário de meio-período para ajudar com o aperto no sábado. Essas mudanças acrescentam um pouco de inteligência ao status quo burro e inflexível.

Com Big Data, aquela caloura de faculdade é substituída por legiões de PhDs com poderosos computadores sob seu controle. Negócios podem agora analisar o tráfego de clientes para calcular exatamente quantos funcionários irão precisar a cada hora do dia. O objetivo, é claro, é gastar o mínimo de dinheiro possível, o que significa manter uma equipe reduzida ao máximo, ao mesmo tempo garantindo que os reforços estejam à mão para os horários mais agitados.

Você poderia imaginar que esses padrões iriam se repetir a cada semana, e que as empresas poderiam simplesmente fazer ajustes em seus horários fixos, assim como os donos da nossa loja hipotética de material de construção. Mas novos softwares de escala de horários oferecem opções bem mais sofisticadas. Eles processam novos fluxos de dados em constante mudança, do clima a padrões de pedestres. Uma tarde chuvosa, por exemplo, provavelmente vai levar as pessoas dos parques aos cafés. Então precisarão de mais funcionários, ao menos por uma ou duas horas. Futebol da escola de sexta à noite pode significar mais tráfego na rua principal, mas apenas antes e depois do jogo, e não durante. Volume no Twitter sugere que 26% mais clientes irão sair para as compras de Black Friday do que no ano passado. As condições mudam de hora em hora, e a força de trabalho precisa ser alocada para atender a demanda flutuante. De outro modo, a empresa estará desperdiçando dinheiro.

O dinheiro economizado, naturalmente, vem direto do bolso dos funcionários. Sob o ineficiente status quo, os trabalhadores não tinham apenas horários previsíveis como também algum tempo parados. Poderia-se dizer que eles se beneficiavam da ineficiência: alguns podiam passar tempo lendo ou até estudando no emprego. Agora, com softwares coreografando o trabalho, cada minuto deve ser ocupado. E esses minutos virão sempre que o programa exigir, mesmo que signifique fechabrir de sexta para sábado.

Em 2014, o New York Times fez uma matéria sobre uma acossada mãe solteira chamada Jannette Navarro, que estava tentando se manter como barista no Starbucks enquanto fazia faculdade e cuidava do filho de quatro anos. A escala horária em constante mudança, incluindo o eventual fechabrir, tornou sua vida quase impossível. Creches comuns ficaram fora de cogitação. Ela precisou trancar os estudos. A única coisa que ela conseguia agendar era o trabalho. E sua história era bastante comum. De acordo com dados do governo dos EUA, dois terços dos trabalhadores de serviços de alimentação e mais da metade dos trabalhadores do varejo são avisados sobre mudanças na escala de horários com antecedência de uma semana ou menos — muitas vezes apenas um ou dois dias, o que pode deixá-los em dificuldades para arranjar transporte e ajuda com as crianças.

Algumas semanas depois da publicação do artigo, as grandes corporações citadas anunciaram que iriam ajustar suas práticas de escala de trabalho. Envergonhados pela matéria, os empregadores prometeram adicionar uma única restrição em seu modelo. Iriam eliminar o fechabrir e aprender a viver com uma otimização ligeiramente menos robusta. A Starbucks, cuja marca depende mais do que a maioria do tratamento justo dos trabalhadores, foi além, dizendo que a empresa ajustaria o software para reduzir o pesadelo dos horários de seus 130 mil baristas. Toda a escala de trabalho seria postada com pelo menos uma semana de antecedência.

Um ano depois, no entanto, a Starbucks não estava conseguindo cumprir essa meta, ou sequer eliminar o fechabrir, de acordo com uma matéria de acompanhamento do Times. O problema é que o tamanho mínimo de equipe era algo incorporado à cultura. Em muitas empresas, a remuneração dos gerentes depende da eficiência de suas equipes, medida pela receita por hora de funcionário. Softwares de escala de horário os ajuda a aumentar esses números, bem como suas próprias compensações. Mesmo quando os executivos mandam afrouxar, eles muitas vezes resistem. Vai contra tudo o que foram ensinados. E mais, na Starbucks, se um gerente excede seu "orçamento de mão de obra", um gerente distrital é alertado, disse um funcionário. E isso pode levar a uma avaliação por escrito. É normalmente mais fácil simplesmente mudar a escala de alguém, mesmo que violando a garantia corporativa de fornecer o aviso com uma semana de antecedência.

No fim, os modelos de negócio de empresas de capital aberto como a Starbucks são feitos para alimentar os lucros e resultados finais. Isso se reflete em suas culturas corporativas e incentivos, e, cada vez mais, em seus softwares operacionais. (E se esses softwares permitirem ajustes, como o da Starbucks, os que são feitos provavelmente serão para aumentar os lucros.)

Muito da tecnologia de escala de horários tem suas raízes numa poderosa disciplina da matemática aplicada chamada "pesquisa operacional", ou PO. Por séculos, os matemáticos usaram os rudimentos de PO para ajudar agricultores a planejar plantações e engenheiros civis a mapear rodovias para transporte mais eficiente de pessoas e bens. Mas a disciplina não decolou de verdade até a Segunda Guerra, quando os militares britânicos e norte-americanos recrutaram equipes de matemáticos para que otimizassem o uso de recursos. Os Aliados mantinham registros de várias formas da "razão de troca", que comparava os recursos gastos pelos Aliados com os recursos destruídos dos inimigos. Durante a Operação Starvation (inanição, na tradução), que aconteceu entre março e agosto de 1945, o Vigésimo Primeiro Comando de Bombardeiros tinha a tarefa de destruir navios mercantes japoneses a fim de impedir que comida e outros bens chegassem à costa japonesa. Equipes de PO trabalharam para minimizar o número de aviões lançadores de minas para cada navio mercante japonês afundado. Conseguiram uma "razão de troca" de mais de 40 para 1 — apenas 15 aeronaves foram perdidas afundando 606 navios japoneses. Isso foi considerado altamente eficiente graças, em parte, ao trabalho da equipe de PO.

Na sequência da Segunda Guerra, grandes empresas (bem como o Pentágono) despejaram enormes recursos em Pesquisa Operacional. A ciência logística transformou radicalmente a forma como produzimos bens e os trazemos ao mercado.

Nos anos 1960, montadoras automotivas japonesas deram outro salto, concebendo um sistema de fabricação chamado Just in Time ("na hora certa"). A ideia era que, em vez armazenar montanhas de volantes ou caixas de câmbio em vastos armazéns, a planta de montagem faria o pedido das partes conforme necessário, não mais pagando por peças ociosas. Toyota e Honda estabeleceram cadeias complexas de fornecedores, cada qual entregando partes a pedido. Era como se a indústria fosse um único organismo, com seus próprios sistemas de controle homeostático.

O Just in Time era altamente eficiente, e rapidamente se espalhou pelo globo. Empresas em diversas geografias podem estabelecer cadeias de fornecimento de "hora certa" num piscar de olhos. Esses modelos também constituem os fundamentos matemáticos de empresas como a Amazon, Federal Express e UPS.

Softwares de escala de horário podem ser vistos como uma extensão da economia da "hora certa". Mas ao invés de lâminas de máquinas de cortar grama ou telas de celulares chegando no momento exato, são pessoas, e normalmente as que precisam muito de dinheiro. E porque precisam de dinheiro tão desesperadamente, as empresas podem dobrar as vidas dessas pessoas aos ditames de um modelo matemático.

Devo acrescentar que as empresas dão passos para não tornar as vidas das pessoas tão terríveis assim. Todas sabem, centavo por centavo, quanto custa substituir um trabalhador esgotado que finalmente se demite. Esses números estão nos dados também. E elas possuem outros modelos, como discutimos no capítulo anterior, para reduzir a rotatividade, que drena lucros e eficiência.

O problema, da perspectiva dos empregados, é um excesso de oferta de mão de obra com baixos salários. Pessoas estão famintas por trabalho, e é por isso que muitas delas se agarram a empregos que mal pagam oito dólares por hora. Este excesso, junto com a escassez de sindicatos efetivos, deixa os trabalhadores praticamente sem qualquer poder de barganha. Assim, grandes varejistas e restaurantes podem torcer a vida dos trabalhadores em horários cada vez mais absurdos, sem sofrer com rotatividade em excesso. Eles ganham mais dinheiro enquanto a vida de seus trabalhadores se torna infernal. E porque esses programas de otimização estão em todos os lugares, os trabalhadores sabem muito bem que mudar de emprego provavelmente não vai melhorar sua sorte. Em conjunto, essas dinâmicas fornecem às empresas algo como uma força de trabalho cativa.

Tenho certeza que não é surpresa que eu considere softwares de escala de horários como uma das mais terríveis ADMs. São massivos, como dissemos, e tiram vantagens de pessoas que já estão lutando para pagar as contas. E mais, são totalmente opacos. Os trabalhadores muitas vezes não fazem ideia de quando serão chamados para trabalhar. Eles são convocados por um programa arbitrário.

Softwares de escala também criam um ciclo venenoso de feedback. Voltemos à Jannette Navarro. Seus horários irregulares tornaram impossível ela voltar a estudar, o que diminuiu suas perspectivas de emprego e a manteve na reserva excedente de trabalhadores de baixo salário. As longas jornadas também dificultavam a organização ou protestos dos trabalhadores por melhores condições. Em vez disso, enfrentam maior ansiedade e privação de sono, o que causa dramáticas variações de humor e é responsável por cerca de 13% das mortes em rodovias. Pior ainda, já que o software é desenhado para economizar o dinheiro das empresas, muitas vezes ele limita as horas dos trabalhadores a menos de trinta por semana, para que eles não tenham direito ao plano de saúde empresarial. E com as escalas caóticas, a maioria acha impossível encontrar tempo para um segundo emprego. É quase como se o software tivesse sido projetado para deliberadamente punir trabalhadores com baixos salários e mantê-los no chão.

O software também condena grande parte de nossas crianças a crescer sem rotina. Elas vivenciam suas mães com cara de sono no café da manhã, ou saindo correndo sem jantar, ou discutindo com a mãe dela sobre quem pode tomar conta dos pequenos no domingo de manhã. Essa vida caótica afeta as crianças profundamente. De acordo com um estudo do Economic Policy Institute, "crianças pequenas e adolescentes de pais que trabalham em horários imprevisíveis ou fora do horário normal de trabalho diurno têm mais chances de terem resultados cognitivos e comportamentais inferiores". Os pais podem se culpar por terem filhos que se comportam mal ou são reprovados na escola, mas em muitos casos a real culpada é a pobreza que leva os trabalhadores a empregos com horários irregulares — e os modelos de escala de horários que espremem ainda mais as famílias em dificuldades.

A raiz do problema, assim como em muitas outras ADMs, é a escolha de objetivos do modelador. O modelo é otimizado para eficiência e lucratividade, não para justiça ou o bem da "equipe". Essa, é claro, é a natureza do capitalismo. Para empresas, as receitas são como oxigênio. Isso as mantém vivas. Da perspectiva delas, seria profundamente estúpido, e até artificial, negar possíveis economias. É por isso que a sociedade precisa de forças contrárias, tais como uma vigorosa cobertura de imprensa que aponta os abusos da eficiência e envergonha empresas que não fazem as coisas certas. E quando deixam a desejar, como no caso da Starbucks, a imprensa deve expô-las sempre. Também precisamos de autoridades reguladoras para mantê-las na linha, de sindicatos fortes para organizar os trabalhadores e amplificar suas necessidades e queixas, e de políticos dispostos a aprovarem leis que restrinjam os piores excessos das corporações. Na sequência da matéria do New York Times em 2014, os Democratas no congresso prontamente elaboraram projetos de lei para controlar softwares de escala de horários. Mas encarando uma maioria Republicana feroz contra regulamentações governamentais, as chances do projeto se tornar lei eram nulas. A legislação morreu.

<☠/>

Em 2008, quando a grande recessão se aproximava, uma empresa de São Francisco chamada Cataphora anunciou um sistema de software que classificava trabalhadores de tecnologia em uma série de métricas, incluindo geração de ideias. Não era tarefa fácil. Programas de software, afinal, têm dificuldades para distinguir entre uma ideia e uma simples série de palavras. Parando para pensar, a diferença é muitas vezes apenas uma questão de contexto. As ideias de ontem — que a Terra é redonda, ou mesmo que pessoas possam gostar de compartilhar fotos em redes sociais — são os fatos de hoje. Cada um de nós humanos temos uma percepção de quando uma ideia se torna fato estabelecido e sabemos quando ela foi desacreditada ou descartada (embora muitas vezes discordemos). No entanto, essa distinção confunde até mesmo as mais sofisticadas inteligências artificiais. O sistema da Cataphora precisava então dos próprios seres humanos para obter orientação.

O software da Cataphora cavoucou mensagens e e-mails corporativos na busca por ideias. Sua hipótese norteadora era que as melhore ideias tenderiam a se espalhar mais amplamente pela rede. Se as pessoas cortavam e colavam certos grupos de palavras e as compartilhavam, essas palavras provavelmente eram ideias, e o software poderia quantificá-las.

Mas havia complicações. Ideias não eram apenas grupos de palavras amplamente compartilhadas em redes sociais. Piadas, por exemplo, eram extremamente virais e igualmente desorientantes a sistemas de software. Fofoca também circulava como um foguete. Contudo, piadas e fofocas seguiam certos padrões, então era possível ensinar o programa a filtrar ao menos algumas delas. Com o tempo, o sistema identificava os grupos de palavras que mais provavelmente representavam ideias. Ele as rastreava pela rede, contando o número de vezes em que eram copiadas, medindo sua distribuição e identificando sua fonte.

Muito em breve, os papéis dos funcionários pareciam entrar em foco. Algumas pessoas eram geradores de ideias, o sistema concluiu. Em seus gráficos de empregados, a Cataphora marcava geradores de ideias com círculos, que eram maiores e mais escuros se produziam muitas ideias. Outras pessoas eram conectores. Como neurônios numa rede distribuída, elas transmitiam informação. Os conectores mais eficientes faziam trechos de palavras viralizar. O sistema pintava essas pessoas em cores escuras de igual modo.

Agora, independente deste sistema medir ou não de modo eficiente o fluxo de ideias, o conceito em si não era nefasto. Pode fazer sentido usar esse tipo de análise para identificar o que as pessoas sabem e combiná-las com os colegas e colaboradores mais promissores. IBM e Microsoft usam programas internos para fazer justamente isso. É bem semelhante a um algoritmo de paquera (e muitas vezes, sem dúvida, dão resultados igualmente inconsistentes). O Big Data também foi usado para estudar a produtividade de trabalhadores de call centers.

Alguns anos atrás, pesquisadores do MIT analisaram o comportamento de funcionários de call centers do Bank of America para descobrirem por que algumas equipes eram mais produtivas que outras. Penduraram assim chamados crachás sociométricos em volta do pescoço de cada empregado. Os eletrônicos nesses crachás rastreavam a localização do funcionário e também mediam, a cada dezesseis milissegundos, seu tom de voz e gestual. Ele gravava quando as pessoas estavam olhando umas para as outras e quanto cada uma falava, ouvia e interrompia. Quatro equipes de funcionários de call centers — oitenta pessoas no total — usaram esses crachás por seis semanas.

O trabalho desses funcionários era altamente regrado. Conversas eram desencorajadas porque eles deveriam passar tantos minutos quanto possível ao telefone, resolvendo problemas dos clientes. Pausas para café eram programadas, uma a uma.

Os pesquisadores descobriram, para sua surpresa, que a equipe mais rápida e eficiente do call center era também a mais social. Esses funcionários desdenhavam das regras e batiam papo muito mais que os outros. E quando todos os funcionários foram encorajados a socializar mais, a produtividade do call center disparou.

Mas estudos de dados que rastreiam o comportamento dos empregados também podem ser usados para abater a força de trabalho. Conforme a recessão de 2008 se alastrava pela economia, gerentes de RH do setor de tecnologia passaram a enxergar os gráficos da Cataphora com uma nova finalidade. Eles viram que alguns trabalhadores eram representados por grandes círculos escuros, enquanto outros por círculos menores e mais apagados. Caso precisassem despedir funcionários, como a maioria das empresas precisou, faria sentido começar pelos menores e mais fracos do gráfico.

Esses funcionários eram mesmo descartáveis? Novamente voltamos à frenologia digital. Se um sistema designa uma trabalhadora como pobre geradora de ideias ou fraca conectora, o veredito se torna sua própria verdade. Essa é a pontuação dela.

Talvez alguém possa aparecer com evidências de contraponto. A funcionária com o círculo mais apagado pode ter ideias fabulosas, mas não as compartilhar na rede. Ou talvez ela dê conselhos inestimáveis durante o almoço ou faz o ambiente do escritório mais leve com piadas. Talvez todo mundo goste dela. Isso tem alto valor no ambiente de trabalho. Mas sistemas computacionais têm dificuldade em encontrar indicadores digitais aproximados para esses tipos de habilidades interpessoais. Os dados relevantes simplesmente não são coletados, e de qualquer forma é difícil dar-lhes um valor. Geralmente é mais fácil deixá-los de fora do modelo.

Então o sistema identifica os aparentes perdedores. E um bom número deles perdeu o emprego durante a recessão, o que por si só é injusto. Mas o pior é que sistemas como o da Cataphora recebem o mínimo de dados de feedback. Alguém identificado como perdedor, e em seguida demitido, pode ter encontrado outro emprego e gerado um punhado de patentes. Os dados normalmente não são coletados. O sistema não tem nenhum indício de que entendeu totalmente errado uma pessoa, ou até mesmo mil delas.

Isso é um problema, porque cientistas precisam desse feedback de erro — neste caso, a presença de falsos negativos — para mergulhar na análise forense e descobrir o que deu errado, o que foi mal interpretado e quais dados foram ignorados. É como sistemas aprendem e ficam mais espertos. No entanto, como vimos, uma penca de ADMs, de modelos de reincidência a pontuação de professores, despreocupadamente criam suas próprias realidades. Gerentes supõem que as pontuações são verdadeiras o bastante para serem úteis, e o algoritmo facilita a tomada de decisões difíceis. Eles podem demitir funcionários, cortar custos e culpar um número objetivo por suas decisões, seja esse número correto ou não.

A Cataphora permaneceu pequena, e seu modelo de avaliação de funcionários era uma atividade paralela — a maior parte do trabalho da empresa era identificar padrões de fraudes e abusos de informação privilegiada dentro de companhias. A empresa fechou em 2012, e o software foi vendido a uma startup, Chenope. Mas sistemas como o da Cataphora têm o potencial de se tornarem verdadeiras ADMs. Eles podem mal interpretar as pessoas e puni-las sem quaisquer provas de que suas pontuações têm correlação com a qualidade de seu trabalho.

Esse tipo de software sinaliza a ascensão das ADMs em um novo domínio. Por algumas décadas, pode ter parecido que trabalhadores da indústria e de serviços eram os únicos que poderiam ser modelados e otimizados, enquanto aqueles que vendiam ideias, de advogados a engenheiros químicos, poderiam evitar as ADMs, ao menos no trabalho. A Cataphora foi um aviso adiantado de que esse não será o caso. Na verdade, por toda a indústria de tecnologia, muitas empresas estão ocupadas tentando otimizar seus funcionários de colarinho branco ao olhar para os padrões das comunicações deles. Os gigantes de tecnologia, incluindo Google, Facebook, Amazon, IBM e muitos outros, estão seguindo isso de perto.

Por ora, ao menos, essa diversidade é bem-vinda. Mantém a esperança de que, pelo menos, trabalhadores rejeitados por um modelo possam ser apreciados por outro. Mas, no devido tempo, um padrão irá surgir na indústria, e então todos nós estaremos em apuros.

<☠/>

Em 1983, o governo Reagan emitiu um alerta sensacionalista sobre o estado das escolas nos EUA. Em um relatório chamado Uma Nação em Risco, um comitê presidencial alertou que uma "maré crescente de mediocridade" nas escolas ameaçava "nosso próprio futuro como povo e Nação". O relatório acrescentava que se "um poder estrangeiro hostil" houvesse tentado impor essas escolas ruins, "nós poderíamos muito bem ter visto isso como um ato de guerra".

O sinal mais notório de fracasso era o que parecia ser as notas de SAT, o exame nacional padronizado, despencando. Entre 1963 e 1980, notas de língua inglesa haviam caído 50 pontos, e notas de matemática, 40. Nossa capacidade de competir na economia global dependia de nossas competências, e elas pareciam estar piorando.

Quem deveria ser culpado por esse estado lastimável das coisas? O relatório não deixava dúvidas. Os professores. O Nação em Risco fazia um chamado à ação, o que significa testar os alunos — usando os resultados para mirar nos professores de baixa performance. Como vimos na Introdução, essa prática pode custar aos professores seus empregos. Sarah Wysocki, a professora de Washington que foi demitida depois de sua turma tirar notas surpreendentemente baixas, foi vítima de um teste assim. Meu objetivo em contar essa história era mostrar uma ADM em ação e como ela pode ser arbitrária, injusta e surda às apelações.

Mas além de serem educadores e cuidadores de crianças, os professores obviamente são trabalhadores, e aqui quero mergulhar um pouco mais fundo nos modelos que pontuam suas performances, porque eles podem se espalhar por outras partes da força de trabalho. Considere o caso de Tim Clifford. Ele é professor de Inglês de ensino médio em Nova Iorque, com vinte e seis anos de experiência. Alguns anos atrás, Clifford soube que havia sido reprovado na avaliação dos professores, um assim chamado modelo de valor agregado, semelhante ao que levou à demissão de Sarah Wysocki. A nota de Clifford foi um péssimo 6 num total de 100.

Ele ficou devastado. "Eu não via como era possível ter trabalhado tanto e tido resultados tão baixos", me disse depois. "Para ser sincero, quando soube da minha nota, fiquei envergonhado e não contei a ninguém por um ou dois dias. Mas fiquei sabendo que na realidade havia outros dois professores com notas ainda mais baixas na minha escola. Aquilo me incentivou a compartilhar meus resultados, porque eu queria que eles soubessem que não estavam sozinhos."

Se Clifford não tivesse estabilidade no cargo, ele poderia ter sido demitido naquele ano, disse. "Mesmo com estabilidade, ter pontuação baixa por anos seguidos coloca um alvo nas costas do professor, de certo modo." E mais, quando professores com estabilidade têm notas baixas, isso incentiva os reformistas escolares, que levantam o argumento de que a estabilidade de emprego protege educadores incompetentes. Clifford iniciou o ano seguinte com apreensão.

O modelo de valor agregado havia dado a ele uma nota de reprovação, mas nenhum conselho sobre como melhorar. Então seguiu ensinando da maneira que sempre havia feito, e esperou pelo melhor. No ano seguinte, sua nota foi de 96.

"Você pode achar que me enchi de alegria, mas não", disse. "Eu sabia que minha nota baixa era falaciosa, então não poderia ficar feliz em tirar uma nota alta de acordo com a mesma fórmula defeituosa. A diferença de 90 pontos na nota só me fez perceber quão ridículo é todo o valor de modelo agregado no que diz respeito à educação."

Falaciosa é a palavra certa. Na realidade, estatísticas mal interpretadas percorrem toda a história das avaliações de professores. O problema começou com uma significativa cagada estatística na análise do relatório Nação em Risco original. Acabou que os próprios pesquisadores que estavam decretando uma catástrofe nacional estavam baseando seu parecer num erro fundamental, algo que um aluno de graduação teria notado. De fato, se quisessem dar exemplos de deficiências educacionais nos EUA, suas próprias leituras erradas de estatísticas deveriam ser o primeiro deles.

Sete anos depois de Uma Nação em Risco ser publicado com tanta ostentação, pesquisadores do Sandia National Laboratories deram uma segunda olhada nos dados coletados para o relatório. Essas pessoas não eram amadoras com relação à estatística — elas constroem e mantêm armas nucleares — e rapidamente encontraram os erros. Sim, era verdade que as notas de SAT haviam caído em média. Entretanto, o número de alunos fazendo o exame havia se multiplicado ao longo desses dezessete anos. As universidades estavam abrindo as portas para mais alunos pobres e minorias. As oportunidades se expandiam. Isso era sinal de sucesso social. Mas, naturalmente, este fluxo de recém-chegados fez baixar as notas médias. No entanto, quando os estatísticos desmembraram a população por grupos de renda, as notas de todos os grupos estavam aumentando, dos pobres aos ricos.

Em estatística, este fenômeno é conhecido como Paradoxo de Simpson: quando todo um corpo de dados demonstra uma tendência, mas quando desmembrado em subgrupos, a tendência oposta é vista para cada um desses subgrupos. A conclusão condenatória do Nação Em Risco, a que estimulou todo o movimento de avaliação de professores, foi tirada de uma grave interpretação incorreta dos dados.

As pontuações divergentes de Tim Clifford são resultado de mais um caso de estatísticas malfeitas, e do tipo bem comum. As pontuações dos professores derivadas dos testes não mediam nada. Isso pode soar exagero. Afinal, as crianças faziam provas, e essas notas contribuíam para os pontos de Clifford. Isso é verdade. Mas os pontos de Clifford, tanto os humilhantes 6 quanto os 96 de causar orgulho, eram baseados quase que totalmente em aproximações tão fracas que chegavam a ser em essência aleatórias.

O problema era que os gestores perdiam a noção da precisão e exatidão enquanto buscavam ser justos. Eles entendiam que não era certo que professores de escolas ricas recebessem muitos créditos quando os filhos e filhas de doutores e advogados marchavam em direção às universidades de elite. Nem que professores em distritos pobres fossem julgados pelos mesmos padrões de realização. Não podemos esperar que façam milagres.

Assim, em vez de medir professores numa escala absoluta, eles tentaram ajustar o modelo por desigualdade social. Ao invés de comparar os alunos de Tim Clifford com outros de diferentes bairros, os comparariam com modelos de previsão dos próprios alunos. Cada aluno possuía uma nota prevista. Se superassem a previsão, o professor ficaria com os créditos. Se ficassem para trás, o professor ficava com a culpa. Se isso parece primitivo, acredite, de fato é.

Estatisticamente falando, nessas tentativas de livrar de cor e classe social os testes, os gestores passaram de um modelo primário a um secundário. Em vez de basear os pontos em medições diretas dos estudantes, eles os baseavam no chamado termo de erro — o vão entre resultados e expectativas. Matematicamente, é uma proposição muito mais imprecisa e duvidosa. Já que as próprias expectativas são derivadas de estatísticas, essas equivalem a estimativas em cima de estimativas. O resultado é um modelo com montes de resultados aleatórios, o que estatísticos chamam de "ruído".

Agora, você poderia pensar que grandes números trariam foco às pontuações. Afinal, a cidade de Nova Iorque, com seus 1,1 milhão de alunos de escolas públicas, deveria fornecer um conjunto de dados grande o bastante para se criar previsões significativas. Se oitenta mil alunos de oitavo ano fizerem a prova, não seria viável estabelecer médias confiáveis para escolas em dificuldades, medianas e bem-sucedidas?

Sim. E se Tim Clifford estivesse ensinando uma grande amostra de alunos, digamos dez mil, então poderia ser razoável medir esse grupo contra a média do ano anterior e tirar algumas conclusões daí. Grandes números equilibram as exceções e os pontos fora da curva. Tendências, em teoria, entrariam em foco. Mas é quase impossível para uma sala de vinte e cinco ou trinta alunos parear-se com as populações maiores. Então se uma sala tem certos tipos de alunos, tenderão a progredir mais rápido que a média. Outros irão progredir mais lentamente. Clifford não recebera praticamente nenhuma informação sobre a opaca ADM que lhe deu pontos tão radicalmente divergentes, mas ele supôs que essa variação em suas salas tinha algo a ver com isso. No ano da pontuação baixa, disse Clifford, "dei aula a muitos alunos de educação especial, bem como a muitos alunos nota 10. E acho que atender os melhores alunos, ou os mais necessitados — ou ambos — cria problemas. As notas dos alunos necessitados são difíceis de melhorar porque têm problemas de aprendizado, e as notas dos melhores alunos são difíceis de melhorar porque eles já tiram notas tão altas que há pouco espaço para melhora".

No ano seguinte, ele teve uma mistura diferente de alunos, com mais deles ficando fora dos extremos. E os resultados fizeram parecer como se Clifford tivesse progredido de professor fracassado a um espetacular. Resultados assim eram comuns demais. Uma análise feita por um educador e blogueiro chamado Gary Rubinstein descobriu que dentre os professores que ensinavam a mesma matéria em anos consecutivos, um a cada quatro registrava uma diferença de 40 pontos. Isso sugere que os dados da avaliação são praticamente aleatórios. Não era a performance dos professores que subia e descia. Era a pontuação gerada por uma ADM falaciosa.

Embora suas pontuações sejam inúteis, o impacto da modelagem de valor agregado é difundido e nefasto. "Vi alguns ótimos professores se convencerem de que eram apenas medíocres com base nessas pontuações", disse Clifford. "Isso os afastou das ótimas lições que passavam, em direção cada vez mais à preparação para provas. Para um jovem professor, uma baixa pontuação de valor agregada é punitiva, e uma alta pode levar a uma falsa sensação de realização que não foi conquistada de verdade."

Como no caso de tantas ADMs, a existência da modelagem de valor agregado provém de boas intenções. O governo Obama percebeu logo de início que os distritos escolares penalizados sob as reformas "Nenhuma Criança Para Trás" de 2001, que exigiam provas padronizadas de alta participação, tendiam a ser pobres e desfavorecidos. Então ofereceu isenções a distritos que pudessem demonstrar a eficácia de seus professores, garantindo que essas escolas não seriam punidas mesmo que seus alunos estivessem defasados.[ii]

[ii] Nas sanções do Nenhuma Criança Para Trás (*No Child Left Behind*) estava a opção de os alunos de escolas fracassadas trocarem para escolas de mais sucesso. Em casos extremos, a lei exigia que escolas fracassadas fossem fechadas e substituídas por escolas autônomas, financiadas pelo Estado.

O uso de modelos de valor agregado vem em grande parte dessa mudança regulatória. Mas, no final de 2015, a febre de avaliação de professores ganhou contornos ainda mais dramáticos. Primeiro, o Congresso e a Casa Branca concordaram em revogar o Nenhuma Criança Para Trás e substituí-lo por uma lei que dá mais liberdade aos estados para desenvolverem suas próprias abordagens para distritos escolares de baixo desempenho. A lei também dá um leque mais amplo de critérios a se considerar, incluindo participação e entrosamento professor-aluno, acesso à disciplinas avançadas, clima escolar e segurança. Em outras palavras, dirigentes escolares podem tentar estudar o que está acontecendo em cada escola em particular — e prestar menos atenção em ADMs como os modelos de valor agregado. Ou, melhor ainda, descartá-las inteiramente.

Por volta da mesma época, a força-tarefa educacional do governador de Nova Iorque, Andrew Cuomo, pediu por uma interrupção de quatro anos do uso de exames de avaliação de professores. Esta mudança, embora bem-vinda, não sinaliza uma clara rejeição das ADMs de avaliação de professores, muito menos um reconhecimento de que são injustas. A pressão, na verdade, veio dos pais, que reclamaram que o regime de provas estava desgastando as crianças e tomando tempo demais do ano letivo. Um movimento de boicote havia deixado de fora das provas 20 por cento dos alunos de terceiro a oitavo ano na primavera de 2015, e estava crescendo. Ao curvar-se aos pais, o governo Cuomo deu um golpe na modelagem de valor agregado. Afinal, sem um conjunto completo de provas dos alunos, o estado careceria dos dados para balizar o modelo.

Tim Clifford ficou animado com a notícia, mas ainda ressabiado. "O movimento de não participação forçou a mão de Cuomo", disse. "Ele temia perder o apoio de eleitores mais ricos em distritos escolares de ponta, que eram as mesmas pessoas que o apoiavam com mais firmeza. Para se antecipar ao assunto, ele fez essa interrupção do uso das avaliações." Clifford teme que elas tornem a serem usadas.

Talvez. E, dado que a modelagem de valor agregado se tornou um instrumento comprovado contra os sindicatos de professores, não espero que desapareça tão em breve. Está bem enraizada, com quarenta estados mais o Distrito de Columbia usando ou desenvolvendo alguma forma de modelagem. Isso é mais uma razão para espalhar a palavra sobre essas e outras ADMs. Uma vez que as pessoas as reconheçam e entendam seus defeitos estatísticos, irão exigir avaliações mais justas tanto para professores quanto para os alunos. Se a meta das avaliações, no entanto, for encontrar alguém em quem culpar, e intimidar trabalhadores, então, como vimos, uma ADM que jorra pontuações sem sentido irá ganhar nota 10.

DANOS COLATERAIS
Obtendo Crédito

B anqueiros locais costumavam andar confiantes em suas cidades. Eles controlavam o dinheiro. Se você quisesse empréstimo para comprar um imóvel ou carro novo, vestiria sua melhor roupa de domingo e faria uma visita. E como membro da sua comunidade, esse banqueiro provavelmente iria saber os seguintes detalhes sobre a sua vida. Ele conheceria seus hábitos de frequentar a igreja, ou a falta deles. Ele conheceria todas as histórias de encrenca com a lei do seu irmão mais velho. Ele saberia o que o seu chefe (e parceiro de golfe dele) diz sobre você enquanto trabalhador. Naturalmente, ele conheceria a sua raça e grupo étnico, e ele também daria uma olhada nos números do seu formulário de requerimento.

Os quatro primeiros fatores muitas vezes permeavam, de modo consciente ou não, o juízo do banqueiro. E havia uma boa chance de que ele fosse confiar mais nas pessoas de seus próprios círculos. Era natural. Isso significava que, para milhões de norte-americanos, o status quo da era pré-digital era tão horrível quanto algumas das ADMs que venho descrevendo. Estranhos e desfavorecidos, incluindo minorias e mulheres, eram rotineiramente deixadas de fora. Eles precisavam juntar um portfólio financeiro impressionante — e então encontrar algum banqueiro de mente aberta.

Simplesmente não era justo. E então apareceu um algoritmo, e as coisas melhoraram. Um matemático de nome Earl Isaac e seu amigo engenheiro, Bill Fair, conceberam um modelo que chamaram de FICO para avaliar o risco de um indivíduo deixar de pagar um empréstimo. Esse escore FICO era alimentado por uma fórmula que olhava apenas para as finanças do tomador de empréstimo — em maior parte o volume da dívida e o histórico de pagamento de contas. O escore não enxergava cor de pele. E acabou por ser ótimo para o setor bancário, já que ele previa risco de forma muito mais precisa enquanto abria portas a milhões de novos clientes. Os escores FICO, é claro, ainda existem. São usados por agências de crédito, incluindo Experian, Transunion e Equifax, que contribuem cada uma com diferentes fontes de informação para o modelo FICO a fim de elaborar seus próprios escores. Esses escores têm vários atributos louváveis, diferentes das ADMs. Primeiro, possuem um ciclo claro de feedback. As empresas de crédito podem ver quais tomadores se tornaram inadimplentes, e podem comparar esses números com seus escores. Se os tomadores com altos escores parecem estar deixando de pagar os empréstimos de modo mais frequente que o previsto pelo modelo, o FICO e as agências de crédito podem ajustar os modelos para torná-los mais precisos. Trata-se de um bom uso de estatística.

Os escores de crédito também são relativamente transparentes. O website do FICO, por exemplo, fornece instruções simples de como melhorar o seu escore (reduza a dívida, pague as contas em dia e pare de pedir novos cartões de crédito). Igualmente importante, a indústria de escores de crédito é regulada. Se tiver dúvidas acerca de seu escore, você tem o direito legal de pedir pelo seu relatório de crédito, que inclui todas as informações que compõem o escore, incluindo seu histórico de pagamento de hipoteca e de serviços essenciais, sua dívida total, e o percentual de crédito disponível que você está usando. Apesar de ser um processo dolorosamente lento, se encontrar erros, você pode mandar corrigi-los.

Desde os dias pioneiros de Fair e Isaac, o uso de escores proliferou-se desenfreadamente. Hoje somos somados de todas as formas possíveis conforme estatísticos e matemáticos organizam como puderem uma salada de dados, de nossos CEPs e padrões de navegação na Internet a nossas compras recentes. Muitos de seus modelos pseudocientíficos tentam estimar nossa credibilidade, dando a cada um de nós assim chamados e-escores. Esses números, que raramente vemos, abrem portas para alguns de nós, enquanto as batem na cara de outros. Ao contrário dos escores FICO com que se assemelham, os e-escores são arbitrários, não respondem a ninguém, desregulados e muitas vezes injustos — em suma, são ADMs.

Uma empresa da Virgínia chamada Neustar oferece um excelente exemplo. A Neustar fornece às empresas serviços de orientação ao cliente, incluindo um que ajuda a gerenciar o fluxo de call centers. Num piscar de olhos, essa tecnologia varre os dados disponíveis de quem faz as chamadas e os coloca numa hierarquia. Quem fica no topo são considerados clientes em potencial mais rentáveis, e são rapidamente direcionados a um operador humano. Quem fica por último espera por muito mais tempo ou são redirecionados para um centro terceirizado de excedentes, onde serão atendidos principalmente por máquinas.

Empresas de cartão de crédito como a Capital One realizam cálculos rápidos semelhantes assim que alguém entra no website. Elas podem muitas vezes acessar dados de navegação na web e padrões de compras, que fornece montes de ideias e percepções acerca do potencial cliente. Provavelmente, a pessoa clicando por um novo Jaguar é mais rica que aquela dando uma olhada num Ford Taurus 2003 no Carfax.com. A maioria dos sistemas de escore também captam a localização do computador do visitante. Quando isso é comparado com dados imobiliários, eles também podem tirar conclusões sobre a riqueza. Uma pessoa usando um computador no Balboa Terrace em São Francisco é um cliente em potencial muito melhor que outra do lado de lá da baía, em East Oakland.

A existência desses e-escores não deve ser surpresa. Vimos modelos baseados em dados similares nos visando para empréstimos predatórios ou ponderando as chances de que iremos roubar um carro. Para melhor ou pior, eles nos guiaram até a faculdade (ou cadeia) e em direção a um emprego, e então nos otimizaram dentro do local de trabalho. Agora que pode ser hora de comprar uma casa ou carro, é muito natural que modelos financeiros se utilizem dos mesmos acervos de dados para nos avaliar.

Mas considere o sórdido ciclo de feedback criado pelos e-escores. Há chances altas de que o sistema de e-escore dará ao tomador da região menos luxuosa de East Oakland um escore baixo. Muitas pessoas ali se tornam inadimplentes. Assim, a oferta de cartão de crédito pipocando na tela será direcionada a uma população de maior risco. Isso significa menos crédito disponível e taxas de juros mais altas para quem já está passando por dificuldades.

Muitas das propagandas predatórias que discutimos, incluindo os anúncios de empréstimos consignados e faculdades com fins lucrativos, são geradas através de tais e-escores, que fazem as vezes dos escores de crédito. Mas como empresas são proibidas por lei de usar escores de crédito para propósitos de marketing, elas se contentam com esses substitutos desleixados.

Há certa lógica nessa proibição. Afinal, nosso histórico de crédito inclui dados altamente pessoais, e faz sentido que tenhamos controle sobre quem pode vê-los. Mas a consequência é que as companhias acabam mergulhando em conjuntos de dados amplamente não regulados, tais como histórico de cliques e tags geográficas, a fim de criar um mercado de dados paralelo. Nesse processo, podem evitar a fiscalização do governo. Elas então medem o sucesso por ganhos em eficiência, fluxo de caixa e lucro. Com poucas exceções, conceitos como justiça e transparência não cabem em seus algoritmos.

Vamos comparar isso, por um momento, ao banqueiro dos anos 50. De modo consciente ou não, aquele banqueiro estava ponderando vários pontos de dados que tinham pouco ou nada a ver com a habilidade daquele tomador de honrar o empréstimo. Ele olhava para o outro lado da mesa e via a raça de seu cliente, e tirava conclusões daí. O pai dele ou dela poderia ter pesado contra, enquanto a presença constante do cliente na igreja pode ter sido visto de modo favorável.

Todos esses pontos de dados eram proxies, indicadores aproximados. Em sua busca por responsabilidade financeira, o banqueiro poderia ter, fria e objetivamente, estudado os números (como sem dúvida alguns banqueiros exemplares faziam). Mas em vez disso ele tirava correlações a partir de raça, religião e conexões familiares. Ao fazê-lo, evitava esmiuçar o tomador enquanto indivíduo, colocando-o em vez disso dentro de um grupo de pessoas — o que estatísticos hoje chamariam de um "balde", ou bucket. "Pessoas como você", ele decidia, podiam ou não ser confiáveis.

O grande avanço de Fair e Isaac foi descartar os proxies em favor de dados financeiros relevantes, como comportamento passado a respeito de pagamento de contas. Eles concentravam a análise no indivíduo em questão — e não em outras pessoas com atributos semelhantes. Os e-escores, ao contrário, nos fazem voltar no tempo. Eles analisam os indivíduos através de uma verdadeira tempestade de proxies. Em poucos milisegundos, realizam milhares de cálculos de "pessoas como você". E se um número suficiente dessas pessoas "semelhantes" se revelarem caloteiras ou, pior, criminosas, aquele indivíduo será tratado de acordo.

De tempos em tempos, pessoas me perguntam sobre como ensinar ética a uma turma de cientistas de dados. Normalmente começo com uma discussão sobre como criar um modelo de e-escores e pergunto a eles se faz sentido usar "raça" como um input no modelo. Eles inevitavelmente respondem que seria injusto e provavelmente ilegal. A questão seguinte é se devemos usar o "CEP". Parece justo o bastante, a princípio. Mas não leva muito tempo até que os alunos vejam que estão programando injustiças passadas em seus modelos. Quando incluem um atributo como "CEP", estão expressando a opinião de que o histórico do comportamento humano naquela porção de imóveis deveria determinar, ao menos em parte, que tipo de empréstimo uma pessoa que mora ali deveria obter.

Em outras palavras, os modeladores de e--escore têm de se virar para tentar responder a questão "Como pessoas parecidas com você se comportaram no passado?", quando idealmente deveriam perguntar, "Como você se comportou no passado?".

A diferença entre essas duas questões é vasta. Imagine que uma pessoa altamente motivada e responsável, de origem imigrante modesta, esteja tentando montar um negócio e depende de tal sistema para um investimento inicial. Quem se arriscaria com uma pessoa assim? Provavelmente não um modelo treinado em tais dados comportamentais e demográficos.

Devo observar que dentro do universo estatístico habitado pelos proxies, muitas vezes eles funcionam. "Diga-me com quem andas e te direi quem és" é mais vezes verdadeiro do que falso. Pessoas ricas compram viagens em cruzeiros e BMWs. Com muita frequência, pessoas pobres precisam de crédito consignado. E como esses modelos estatísticos parecem funcionar na maior parte do tempo, a eficiência se eleva e os lucros disparam. Investidores redobram o foco em sistemas científicos que conseguem colocar milhares de pessoas no que parecem ser os baldes corretos. É o triunfo do Big Data.

E aquela pessoa mal interpretada e colocada no balde errado? Acontece. E não há feedback para consertar o sistema. Um mecanismo de análise estatística não tem como saber que encaminhou um precioso cliente em potencial para um inferno de call center. Pior ainda, os perdedores no universo sem regulamento dos e-escores têm poucas maneiras de reclamar, muito menos de corrigir o erro do sistema. No reino das ADMs, eles são apenas dano colateral. E como todo esse sistema obscuro opera em distantes fazendas de servidores, eles raramente descobrem isso. A maioria provavelmente conclui, com razão, que a vida simplesmente é injusta.

<☠/>

No mundo que descrevi até agora, e-escores nutridos por milhões de proxies vivem nas sombras, enquanto nossos relatórios de crédito, repletos de dados relevantes e pertinentes, operam sob domínio da lei e do Estado democrático. Mas, infelizmente, não é assim tão simples. Demasiadas vezes os relatórios de crédito também servem como proxies.

Não deve ser surpresa que muitas instituições da sociedade, de grandes empresas ao governo, estão em busca de pessoas que são confiáveis e fidedignas. No capítulo sobre conseguir emprego, nós as vimos analisando currículos e barrando candidatos cujos testes psicológicos apontavam atributos pessoais indesejáveis. Outra abordagem bem comum é levar em conta o escore de crédito do candidato. Se as pessoas pagam as contas em dia e evitam dívidas, perguntam os empregadores, isso não sinalizaria confiabilidade e fidedignidade? Não é exatamente a mesma coisa, eles sabem. Mas não seria uma coincidência significativa?

Foi assim que os relatórios de crédito se expandiram para muito além de seu território original. A credibilidade se tornou um substituto fácil demais de outras virtudes. De maneira inversa, crédito ruim se tornou sinal de uma série de pecados e defeitos que nada tem a ver com pagar contas. Como veremos, todos os tipos de empresas transformam relatórios de crédito em suas próprias versões de escores de crédito e os usam como proxies. Essa prática é tão tóxica quanto onipresente.

Para certas aplicações, tal proxy pode parecer inofensivo. Alguns serviços de paquera online, por exemplo, combinam pessoas com base em escores de crédito. Um deles, CreditScoreDating, apregoa que "bons escores de crédito são sexy". Podemos discutir sobre a sensatez de associar comportamento financeiro e amor. Mas pelo menos os clientes do CreditScoreDating sabem no que estão se metendo e por quê. Eles se decidem.

Mas se você estiver procurando emprego, há uma excelente chance de que um pagamento atrasado de cartão de crédito ou financiamento estudantil possa estar te atrapalhando. De acordo com uma pesquisa da Sociedade Para Gestão de Recursos Humanos, quase metade dos empregadores nos EUA seleciona potenciais empregados olhando seus relatórios de crédito. Alguns deles checam o status de crédito dos atuais funcionários também, especialmente quando estão para serem promovidos.

Antes das empresas fazerem essas checagens, precisam pedir permissão. Mas isso é normalmente apenas uma formalidade; em muitas empresas, quem se recusar a entregar os dados de crédito não é sequer considerado para a vaga. E, se o histórico de crédito for pobre, há boas chances de que o candidato será preterido. Uma pesquisa de 2012 sobre dívida de cartão de crédito em famílias de classe média e baixa deixou isso bem claro. Um em cada dez participantes relataram ouvir dos empregadores que históricos de crédito manchados haviam afundado suas oportunidades, e qualquer um pode adivinhar quantos deles foram desclassificados por causa de seus relatórios de crédito mas ficaram sem saber disso. Embora a lei estipule que empregadores devem alertar candidatos quando questões com crédito os desclassificam, é fácil crer que alguns simplesmente digam aos candidatos que não eram o perfil da vaga ou que outros eram mais bem qualificados.

A prática de usar escores de crédito em contratações e promoções cria um perigoso ciclo de pobreza. Afinal, se você não consegue trabalho por conta de seu histórico de crédito, esse histórico provavelmente vai piorar, tornando ainda mais difícil conseguir emprego. Não é tão diferente do problema que jovens enfrentam quando tentam o primeiro emprego — e são eliminados por falta de experiência. Ou do drama de um desempregado de longa data, que descobre que poucos o contratarão porque está sem emprego há tempo demais. É um ciclo de feedback em espiral, frustrante para os azarados que ficam presos nele.

Os empregadores, naturalmente, têm pouca simpatia por esse argumento. Bom crédito, argumentam, é atributo de uma pessoa responsável, do tipo que querem contratar. Mas imaginar a dívida como uma questão moral é um erro. Muitas pessoas confiáveis e trabalhadoras perdem empregos todos os dias à medida que empresas vão à falência, cortam custos ou transferem vagas para outros países. Esses números crescem durante recessões. E muitos dos recém-desempregados se veem sem plano de saúde. Nesse ponto, basta um acidente ou doença para que percam um pagamento ou empréstimo. Mesmo com a Lei de Proteção e Cuidado ao Paciente, que reduziu o número de não segurados, custos médicos continuam sendo a maior causa de falência nos Estados Unidos.

Pessoas com poupança, é claro, conseguem manter seus créditos intactos durante tempos difíceis. Aqueles que vivem de salário em salário são muito mais vulneráveis. Consequentemente, uma exemplar classificação de crédito não é apenas um proxy de responsabilidade e decisões inteligentes. Também é um proxy de riqueza. E riqueza é altamente correlacionada com raça.

Considere o seguinte. A partir de 2015, famílias brancas tinham em média dez vezes mais bens e dinheiro que famílias negras e hispânicas. E enquanto apenas 15 por cento dos brancos tinham patrimônio líquido zerado ou negativo, mais de um terço de negros e hispânicos se viam sem um colchão de segurança. Essa diferença em riqueza aumenta com a idade. Aos 60, brancos são onze vezes mais ricos que afro-norte-americanos. Dado estes números, não é difícil afirmar que a armadilha de pobreza criada pelas checagens de crédito dos empregadores afeta a sociedade de modo desigual e de acordo com raça. Conforme escrevo, dez estados aprovaram legislação para proibir o uso de escores de crédito em contratações. Ao bani-los, a prefeitura de Nova Iorque declarou que fazer checagens de crédito "afeta de modo desproporcional candidatos de baixa renda e candidatos não brancos". Ainda assim, a prática permanece legal em quarenta estados.

Isso não significa que os departamentos de pessoal de todo os EUA estejam intencionalmente montando armadilhas de pobreza, menos ainda uma racista. Eles com certeza acreditam que relatórios de crédito contêm fatos relevantes que os ajudam a tomar decisões importantes. Afinal, "quanto mais dados, melhor" é o princípio-guia da Era da Informação. Mas, em nome da equidade, alguns desses dados deveriam permanecer sem ser analisados e processados.

<💀/>

Imagine por um instante que você é um recém-formado da Faculdade de Direito da Universidade de Stanford e está fazendo uma entrevista de emprego num prestigiado escritório de advocacia de São Francisco. O sócio principal olha para o arquivo gerado por computador e começa a rir. "Diz aqui que você foi preso por gerir um laboratório de metanfetamina em Rhode Island!" Ele balança a cabeça. Você tem um nome comum, e sem dúvidas computadores cometem erros bobos. A entrevista continua.

No alto escalão da economia, seres humanos costumam tomar as decisões importantes, contando com computadores como ferramentas úteis. Mas no mainstream e especialmente nos baixos escalões da economia, muito do trabalho, como vimos, é automatizado. Quando erros aparecem num documento — como acontece muitas vezes — mesmo os algoritmos mais bem projetados tomarão decisões erradas. Como se diz, entra lixo, sai lixo.

O receptor ou receptora final desse processo automatizado pode sofrer consequências por anos. Listas de terrorismo e proibição de voos, geradas por computadores, por exemplo, são conhecidas pelos erros. Uma pessoa inocente cujo nome lembra o de um terrorista suspeito enfrenta uma provação infernal toda vez que tenta embarcar num avião. (Viajantes ricos, em compensação, podem pagar para adquirir o status de "viajante confiável", que os permite passar tranquilamente pela segurança. Com efeito, estão gastando dinheiro para se protegerem de uma ADM.)

Erros assim aparecem em todo lugar. A Comissão Federal de Comércio relatou em 2013 que 5 por cento dos consumidores — ou estimados 10 milhões de pessoas — possuíam algum erro em um de seus relatórios de créditos sério o bastante para resultar em maiores juros em empréstimos. Isso é problemático, mas ao menos temos os relatórios de crédito no lado regulamentado da economia dos dados. Os consumidores podem (e devem) pedir para vê-los uma vez por ano e corrigir erros potencialmente custosos.[iii]

[iii] Mesmo assim, devo acrescentar, corrigi-los pode ser um pesadelo. Uma moradora de Mississippi chamada Patricia Armour tentou por dois anos fazer a Experian excluir de seus arquivos uma dívida já quitada de US$ 40 mil. Precisou fazer uma ligação ao Procurador-Geral de estado, ela disse ao *New York Times*, antes de a empresa corrigir o erro.

Ainda assim, o lado não regulado da economia dos dados é ainda mais perigoso. Dezenas das empresas, de gigantes como Acxiom Corp à diversas corporações suspeitas e financeiramente irresponsáveis, compram informações de varejistas, produtores de apps de celular e empresas que fazem sorteios ou operam redes sociais a fim de montar uma cornucópia de fatos sobre cada consumidor do país. Elas podem notar, por exemplo, se um consumidor tem diabetes, mora numa casa com um fumante, dirige uma SUV ou tem dois cães da raça collie (que podem permanecer no arquivo por muito tempo depois de sua partida terrena). Essas empresas também raspam todo o tipo de dados governamentais disponíveis publicamente, incluindo registros de votação, vendas de casas, e detenções. Tudo isso entra no perfil de consumidor, que é vendido por eles.

Alguns vendedores de dados, sem dúvida, são mais confiáveis que outros. Mas qualquer operação que tente perfilar centenas de milhões de pessoas a partir de milhares de fontes diferentes terá muitos fatos errados. Pegue o caso de Helen Stokes, moradora da Filadélfia. Ela queria se mudar para um centro residencial local para idosos mas era rejeitada por conta de detenções em seu registro de antecedentes. Era verdade que ela havia sido detida duas vezes durante brigas com o ex-marido. Mas ela não havia sido condenada e tinha conseguido com que esses registros fossem excluídos de bancos de dados governamentais. Mas os registos de detenção permaneciam em arquivos montados por uma empresa chamada RealPage, Inc., que fornece verificação de antecedentes de inquilinos.

Para a RealPage e outras empresas do tipo, criar e vender relatórios gera receita. Pessoas como Helen Stokes não são clientes. São o produto. Responder às reclamações delas toma tempo e dinheiro. Afinal, embora Stokes possa dizer que as prisões foram excluídas, verificar esse fato consome tempo e dinheiro. Um custoso ser humano pode precisar gastar alguns minutos na Internet ou até mesmo — Deus o livre — fazer uma ou duas ligações telefônicas. Não surpreende, portanto, que Stokes não teve seu registro corrigido até que entrasse com um processo. E mesmo depois que a RealPage respondeu, quantos outros vendedores de dados podem ainda estar vendendo arquivos com a mesma desinformação venenosa? É uma incógnita.

Alguns vendedores de dados, sim, oferecem aos consumidores acesso a seus próprios dados. Mas esses relatórios sofrem curadoria intensa. Eles incluem os fatos mas nem sempre as conclusões que os algoritmos dos vendedores tiraram a partir deles. Quem se importar em ver o próprio arquivo de uma dessas diversas corretoras, por exemplo, poderá ver seu financiamento imobiliário, uma conta de celular da Verizon, o conserto de US$ 459 do portão da garagem. Mas a pessoa não verá que está num balde de pessoas designadas como "Rural e Mal Das Pernas" ou talvez "Aposentando-se sem nada". Felizmente para os vendedores de dados, poucos de nós têm a chance de ver esses detalhes. Se víssemos, e a Comissão Federal de Comércio está pressionando por mais responsabilização, os vendedores provavelmente se veriam cercados de reclamações de consumidores — milhões delas. Poderia muito bem desfazer o modelo de negócio. Por ora, os consumidores ficam sabendo sobre os arquivos com erros apenas quando isso vaza, muitas vezes por acaso.

Uma residente do Arkansas chamada Catherine Taylor, por exemplo, não conseguiu um trabalho na Cruz Vermelha há alguns anos atrás. Essas coisas acontecem. Mas a carta de rejeição de Taylor veio com uma valiosa pepita de informação. Seu histórico de antecedentes incluía uma acusação criminal pela intenção de fabricar e vender metanfetaminas. Esse não era o tipo de candidato que a Cruz Vermelha queria contratar.

Taylor investigou o caso e descobriu que as acusações pertenciam a outra Catherine Taylor, que por acaso havia nascido no mesmo dia. Ela depois soube que ao menos dez outras empresas estavam manchando sua reputação com relatórios imprecisos — um deles ligado ao pedido dela por auxílio habitacional federal, que havia sido negado. A rejeição do pedido havia sido por causa da identidade errada?

Em um processo automático, sem dúvida poderia ter sido. Mas um ser humano interveio. Ao entrar com pedido por auxílio habitacional federal, Taylor e seu marido se encontraram com uma funcionária do governo para realizar uma verificação de antecedentes. Essa funcionária, Wanda Taylor (sem parentesco), estava usando informações fornecidas pela Tenant Tracker, a comerciante de dados. Estavam repletos de erros e identidades misturadas. Ligava Taylor, por exemplo, com o possível pseudônimo de Chantel Taylor, uma criminosa condenada que por acaso tinha a mesma data de nascimento. Também ligava ela à outra Catherine Taylor de que ela ouvira falar, que havia sido condenada em Illinois por roubo, falsificação e posse de substâncias controladas.

O dossiê, em suma, era uma bagunça tóxica. Mas Wanda Taylor tinha experiência com coisas assim. Ela começou a cavoucar. Prontamente, riscou da lista o possível pseudônimo, Chantel, que lhe parecia improvável. Então leu no arquivo que a ladra de Illinois tinha uma tatuagem no tornozelo com o nome Troy. Depois de olhar o tornozelo de Catherine Taylor, também riscou o nome daquela criminosa. Ao final da reunião, um ser humano meticuloso havia esclarecido a confusão gerada por programas de coleta de dados e rastreamento na rede. A funcionária do governo sabia com qual Catherine Taylor estava lidando.

Nos sobra uma questão: quantas Wanda Taylors existem por aí esclarecendo identidades falsas e demais erros em nossos dados? A resposta: não o suficiente. Humanos na economia dos dados são pontos fora da curva e algo retrô. Os sistemas são feitos para rodar automaticamente tanto quanto possível. Essa é a maneira mais eficaz; é aí que estão os lucros. Erros são inevitáveis, como em qualquer programa estatístico, mas a forma mais rápida de reduzi-los é fazer o ajuste fino dos algoritmos rodando as máquinas. Humanos no local apenas obstruem os trabalhos.

Essa tendência em direção à automação está avançando à medida em que os computadores compreendem cada vez mais nossa linguagem escrita, em alguns casos processando num segundo milhares de documentos escritos. Mas eles ainda se equivocam sobre todo o tipo de coisas. O supercomputador Watson, da IBM, que participou do jogo televisivo Jeopardy!, apesar de toda sua genialidade ficou confuso com linguagem ou contexto em cerca de 10% das vezes. Foi pego dizendo que a dieta de uma borboleta era "Kosher", e uma vez confundiu Oliver Twist, o personagem de Charles Dickens, com a banda de techno-pop dos anos 1980 Pet Shop Boys.

Tais erros certamente se acumularão em nossos perfis de consumidor, confundindo e desorientando os algoritmos que gerenciam mais e mais nossas vidas. Esses erros, que resultam da coleta automatizada de dados, envenenam os modelos de previsão, fomentando ADMs. E essa coleta só irá crescer. Os computadores já estão ocupados expandindo-se para além da palavra escrita. Estão captando a linguagem falada e imagens e as usando para capturar mais informações acerca de tudo no universo — incluindo nós. Essas novas tecnologias irão minerar novos acervos para nossos perfis, enquanto aumentam o risco de erros.

Recentemente, o Google processou imagens de um trio de felizes jovens afro-americanos e o serviço automático de marcação de fotos os identificou como gorilas. A empresa se desculpou profusamente, mas em sistemas como o do Google, erros são inevitáveis. Tratou-se provavelmente de aprendizado de máquina defeituoso (e não um funcionário racista na sede da empresa) que levou o computador a confundir Homo sapiens com nosso primo próximo, o gorila. O próprio software havia folheado bilhões de imagens de primatas e feito suas próprias distinções. Ele se concentrou em tudo desde tonalidades de cor à distância entre os olhos e formato da orelha. Aparentemente, porém, não havia sido testado completamente antes do lançamento.

Erros assim são oportunidades de aprendizado — desde que o sistema receba feedback sobre o erro. Nesse caso, recebeu. Mas a injustiça permanece. Quando sistemas automáticos analisam nossos dados para nos medir e dar um e-escore, eles naturalmente projetam o passado no futuro. Como vimos nos modelos de sentenças por reincidência e nos algoritmos de empréstimos predatórios, é esperado que os pobres permaneçam pobres para sempre e são tratados de acordo com isso — são-lhes negadas oportunidades, são detidos com maior frequência, e extorquidos por serviços e empréstimos. É inexorável, muitas vezes oculto, para além de contestação e injusto.

Mas não podemos contar com sistemas automáticos para abordar o problema. Mesmo com seu poder surpreendente, as máquinas não conseguem ainda se ajustar por mais justiça, ao menos não sozinhas. Analisar dados e julgar o que é justo é absolutamente estranho e enormemente complicado a elas. Apenas seres humanos podem impor essa restrição.

Há um paradoxo aqui. Se voltarmos uma última vez ao banqueiro dos anos 1950, veremos que sua mente está ocupada por distorções humanas — desejos, preconceitos, desconfiança de estranhos. Para fazer o trabalho de modo mais justo e eficiente, ele e o resto do setor entregaram o trabalho para um algoritmo.

Sessenta anos depois, o mundo é dominado por sistemas automáticos mastigando nossos dossiês repletos de erros. Eles urgentemente precisam do contexto, bom senso e equidade que apenas humanos podem fornecer. Entretanto, se deixarmos essa questão para o mercado, que prioriza eficácia, crescimento e fluxo de caixa (enquanto tolera um certo grau de erros), humanos intrometidos serão instruídos a ficarem longe das máquinas.

<☠/>

Este será um desafio, porque mesmo quando os problemas de nossos velhos modelos de crédito se tornam aparentes, há poderosos recém-chegados na área. O Facebook, por exemplo, patenteou um novo tipo de classificação de crédito, baseado em nossas redes sociais. O objetivo aparente é razoável. Considere um homem com diploma universitário que sai em missão religiosa por cinco anos, ajudando a trazer água potável a vilarejos pobres na África. Ele volta para casa sem classificação de crédito e tem problemas em conseguir um empréstimo. Mas seus colegas de sala no Facebook são investidores, PhDs e projetistas de software. Análises do tipo "farinha do mesmo saco" indicariam que ele é uma boa aposta. Mas essa mesma análise provavelmente trabalha contra um faxineiro de East St. Louis, que pode ter diversos amigos desempregados e alguns na cadeia.

Enquanto isso, o setor bancário formal está freneticamente remexendo dados pessoais em suas tentativas de impulsionar os negócios. Mas bancos licenciados são sujeitos à regulamentação federal e exigências de divulgação, o que significa que perfilar clientes traz consigo riscos legais e de reputação.[iv] A American Express aprendeu isso a duras penas em 2009, bem quando a Grande Recessão estava engrenando. Certamente procurando reduzir riscos em seu próprio balanço, a Amex cortou os limites de gastos de alguns clientes. Ao contrário dos atores informais da economia dos e-escores, porém, a gigante dos cartões de crédito precisou enviar-lhes uma carta com explicações.

Foi aqui que a Amex deu um golpe baixo. Titulares de cartões que faziam compras em certos estabelecimentos, escreveu a empresa, tinham mais chances de atrasar os pagamentos. Era uma questão estatística, pura e simplesmente, uma correlação clara entre padrões de compra e taxas de inadimplência. Cabia aos infelizes clientes da Amex adivinhar quais estabelecimentos haviam envenenado seus cartões. Havia sido a compra semanal no Walmart ou talvez a mecânica automo-

---

[iv] N.E.: Nos EUA, não há apenas cinco bancos dominando o mercado, como no Brasil, mas cinco mil.

tiva Grease Monkey que os colocara no balde de potenciais caloteiros?

Seja qual for a causa, deixou-os com menos crédito quando havia uma horrível recessão batendo à porta. Pior, o menor limite de gastos apareceria em poucos dias em seus relatórios de crédito. Na realidade, provavelmente já estava lá antes mesmo das cartas chegarem. Isso diminuiria seus escores e aumentaria os juros. Muitos desses titulares de cartões, é seguro dizer, frequentavam "lojas associadas a maus pagamentos" porque eles não estavam nadando em dinheiro. E, quem diria, um algoritmo tomou conhecimento e os deixou mais pobres.

A ira dos titulares atraiu a atenção da grande mídia, incluindo o New York Times, e a Amex prontamente anunciou que não mais iria correlacionar lojas e risco. (A Amex depois insistiu que havia escolhido as palavras erradas nas cartas e que havia esmiuçado apenas padrões mais amplos de consumo, e não comerciantes específicos.)

Foi dor de cabeça e constrangimento para a American Express. Se eles tinham mesmo encontrado uma forte correlação entre compras em uma certa loja e risco de crédito, certamente não podiam agora fazer uso disso. Comparados à maioria restante da economia online, eles estão confinados, regulamentados e, de certa forma, prejudicados. (Não que devessem reclamar. Ao longo das décadas, lobistas dos operadores estabelecidos elaboraram muitos dos regulamentos com o objetivo de defender os poderes estabelecidos — mantendo fora novos-ricos irritantes).

Assim, seria surpresa que novatos na indústria financeiras iriam escolher uma rota mais livre e menos regulada? Inovação, afinal de contas, depende da liberdade para experimentação. E com petabytes de dados comportamentais na ponta de seus dedos e praticamente nenhuma supervisão, as oportunidades para criação de novos modelos de negócio são vastas.

Diversas empresas, por exemplo, estão trabalhando para substituir credores consignados. Esses bancos de último recurso atendem os trabalhadores pobres, amarrando-os de salário em salário e cobrando juros exorbitantes. Depois de vinte e duas semanas, um empréstimo de US$ 500 podia custar US$ 1.500. Assim, se um novato eficiente pudesse encontrar novas formas de classificar riscos, e depois arrancar candidatos dignos de crédito deste grupo desesperado de pessoas, poderia cobrá-los juros um pouco menores e ainda ganhar montanhas de dinheiro.

Essa foi a ideia de Douglas Merrill. Um ex--diretor de operações do Google, Merrill acreditava que podia usar Big Data para calcular riscos e oferecer empréstimos consignados com descontos. Em 2009, ele fundou uma startup chamada

ZestFinance. Na página da empresa na web, Merrill prega que "todo dado é dado de crédito". Em outras palavras, vale tudo.

A ZestFinance compra dados que mostram se os requerentes pagaram em dia suas contas de celular, junto com muitos outros dados comprados ou publicamente disponíveis. Como Merrill prometeu, os juros da empresa são mais baixos do que aqueles cobrados por credores consignados. Um empréstimo comum de US$ 500 na ZestFinance custa US$ 900 depois de vinte e duas semanas — 60% a menos que o padrão do mercado.

É uma melhoria, mas é justo? Os algoritmos da empresa processam até dez mil pontos de dados por requerente, incluindo observações incomuns, tais como se um requerente usa ortografia apropriada e letras maiúsculas nos formulários de requerimento, quanto tempo leva para ler, e se eles se preocupam em ler os termos e condições. Os "seguidores de regras", a empresa argumenta, são melhores riscos de crédito.

Pode ser verdade. Mas pontuação e ortografia também indicam baixa educação, que é altamente correlacionada com classe e raça. Então quando pessoas pobres e imigrantes se qualificam para um empréstimo, suas habilidades linguísticas abaixo dos padrões podem fazer subir as taxas. Se então têm dificuldades em pagar essas taxas, isso pode validar que eram de alto risco desde o início, e pode baixar seus escores de crédito ainda mais. É um ciclo vicioso de feedback, e pagar as contas em dia desempenha apenas um pequeno papel.

Quando novos empreendimentos são construídos com ADMs, problemas certamente se seguirão, mesmo quando os agentes têm as melhores das intenções. Tome de exemplo o caso da indústria de empréstimos "peer-to-peer". Começou na década passada com a visão de emprestadores e tomadores encontrando uns aos outros em plataformas de mediação. Isso representaria a democratização do setor bancário. Mais pessoas conseguiriam empréstimo, e ao mesmo tempo milhões de pessoas comuns se tornariam pequenos banqueiros e fariam um bom retorno. Ambos os lados contornariam os grandes bancos gananciosos.

Um dos primeiros câmbios peer-to-peer, o Lending Club, foi lançado como uma aplicação no Facebook em 2006 e recebeu financiamento um ano depois para se tornar um novo tipo de banco. Para calcular o risco do tomador de empréstimo, o Lending Club combinou o tradicional relatório de crédito com dados coletados em toda a web. Seu algoritmo, resumidamente, gerava e--escores, que eles alegavam ser mais precisos que os escores de crédito.

O Lending Club e seu principal concorrente, Prosper, ainda são pequenos. Eles geraram menos de US$ 10 bilhões em empréstimos, o que não passa de uma partícula nos US$ 3 trilhões que formam o mercado de empréstimos ao consumidor. No entanto, estão atraindo muita atenção. Executivos do Citigroup e Morgan Stanley atuam como diretores dos agentes peer-to-peer, e o fundo de investimentos do Wells Fargo é o maior investidor do Lending Club. A oferta de ações do Lending Club em dezembro de 2014 foi o maior IPO de tecnologia do ano. Levantou US$ 870 milhões e alcançou uma avaliação de US$ 9 bilhões, fazendo dele o décimo quinto banco mais valioso dos EUA.

O alvoroço tem pouco a ver com democratização do capital ou com o fim de intermediários. De acordo com uma reportagem da Forbes, dinheiro institucional agora representa mais de 80% de toda a atividade em plataformas peer-to--peer. Para grandes bancos, as novas plataformas fornecem uma alternativa conveniente ao setor bancário fortemente regulamentado. Através de sistemas peer-to-peer, um credor pode analisar quase quaisquer dados que quiser e criar seu próprio e-escore. Pode desenvolver correlações de risco a partir de bairros, CEPs e das lojas nas quais os clientes fazem compras — tudo sem a obrigação de enviar-lhes cartas constrangedoras explicando o porquê.

E o que isso significa para nós? Com o implacável crescimento dos e-escores, somos colocados em lotes e baldes de acordo com fórmulas secretas, algumas delas alimentadas por dossiês cheios de erros. Somos vistos não como indivíduos mas como membros de tribos, e ficamos atados a essa designação. Conforme os e-escores poluem a esfera das finanças, as oportunidades para os pobres diminuem. Na realidade, em comparação com as manadas de ADMs correndo soltas, o preconceituoso credor financeiro de outrora não parece tão mau assim. Um tomador poderia, ao menos, olhá-lo nos olhos e tentar apelar para sua humanidade.

ZONA DE PERIGO
Obtendo Seguro

No final do século XIX, um renomado estatístico chamado Frederick Hoffman criou uma poderosa ADM. É bem provável que Hoffman, um alemão que trabalhava para a Companhia de Seguros de Vida Prudential, não o fez por mal. Mais tarde em sua vida, sua pesquisa contribuiu fortemente para a saúde pública. Ele fez um trabalho valioso com malária e esteve entre os primeiros a associar câncer e tabaco. Ainda assim, na primavera de 1886, Hoffman publicou um trabalho de 330 páginas que entravou a causa da igualdade racial nos EUA e reforçou o status de milhões como cidadãos de segunda-classe. Seu estudo fez uso exaustivo de estatística para defender que as vidas de negros norte-americanos eram tão precárias que toda a raça era não segurável.

A análise de Hoffman, como muitas das ADMs que abordamos, era estatisticamente defeituosa. Ele confundiu causa e correlação, de modo que os volumosos dados que havia coletado serviram somente para confirmar sua tese: a de que raça era um forte indicador de expectativa de vida. O racismo estava tão enraizado em seu modo de pensar que ele aparentemente nunca levou em conta se a pobreza e injustiças tinham algo a ver com as taxas de mortes de afro-americanos, se a falta de escolas adequadas, encanamentos modernos, ambientes de trabalho seguros e acesso a planos de saúde poderiam matá-los em idades mais jovens.

Hoffman também cometeu um erro estatístico fundamental. Como o comitê presidencial que emitiu o relatório Nação em Risco em 1983, Hoffman negligenciou a estratificação dos resultados. Ele viu os negros apenas como um grupo grande e homogêneo. Assim, deixou de separá-los em diferentes porções geográficas, sociais ou econômicas. Para ele, um professor negro levando uma vida ordeira em Boston ou Nova Iorque era indistinguível de um meeiro trabalhando doze horas por dia descalço no delta do Mississippi. Hoffman foi cegado por raça, assim como a indústria a qual pertencia.

Com o tempo, é claro, as seguradoras avançaram um pouco seu pensamento e passaram a vender apólices para famílias afro-americanas. Afinal, havia dinheiro a se ganhar. Mas elas se penduraram por décadas às ideias de Hoffman de que grupos inteiros de pessoas eram mais arriscados que outros — alguns deles arriscados demais. As companhias de seguros tal qual os banqueiros delimitavam bairros nos quais não investiriam. Essa prática cruel, conhecida como red-lining, já foi proibida por diversas peças legislativas, incluindo o Fair Housing Act de 1968.

Quase meio século depois, no entanto, o red-lining ainda está presente, embora em formas muito mais sutis. Está programado na última geração de ADMs. Como Hoffman, os criadores desses novos modelos confundem causalidade com correlação. Eles punem os pobres, e especialmente as minorias étnicas e raciais. E eles apoiam suas análises em um monte de estatísticas, o que lhes dá o ar de ciência imparcial.

Nessa viagem algorítmica pela vida, lutamos para nos formar e conseguir um emprego (mesmo que seja um que nos força a horários caóticos). Tomamos empréstimos e vimos como nossa credibilidade é um substituto para outros vícios e virtudes. Agora é hora de proteger nossos bens mais valiosos — nossa casa, carro e a saúde de nossa família — e tomar providências para aqueles que um dia deixaremos para trás.

Seguros surgiram da ciência atuarial, uma disciplina cujas raízes remontam ao século XVII. Esse foi um período em que a crescente burguesia europeia adquiria grandes riquezas. Pela primeira vez, permitiu a muitos o luxo de pensar à frente, nas gerações futuras.

Enquanto avanços na matemática forneciam as ferramentas necessárias para se fazer previsões, uma geração precoce de "farejadores" de dados estava em busca de novas coisas para contar. Um deles era um vendedor de tecidos em Londres chamado John Graunt. Ele revisou registros de nascimentos e mortes e em 1682 fez o primeiro estudo sobre as taxas de mortalidade de uma comunidade inteira de pessoas. Ele calculou, por exemplo, que crianças em Londres tinham risco de morte de 6% em cada um dos seis primeiros anos de vida. (E, com estatística, ele foi capaz de desfazer o mito de que a praga viria todo ano em que um novo monarca ascendia ao trono.) Pela primeira vez, matemáticos podiam calcular o arco mais provável da vida de uma pessoa. Esses números não funcionavam para indivíduos, é claro. Mas com números grandes o bastante, média e variação eram previsíveis.

Os matemáticos não fingiam prever os destinos de cada indivíduo. Isso era incognoscível. Mas eles podiam prever a prevalência de acidentes, incêndios e mortes dentro de grandes grupos de pessoas. Ao longo dos três séculos seguintes, uma vasta indústria de seguros cresceu em torno dessas previsões. O novo negócio deu às pessoas, pela primeira vez, a chance de partilhar os riscos coletivos, protegendo os indivíduos quando o azar viesse.

Agora, com a evolução da ciência de dados e computadores em rede, os seguros estão passando por mudanças fundamentais. Com cada vez mais informação disponível — incluindo dados de nossos genomas, nossos padrões de sono, exercício e dieta, e nossa competência ao volante — as seguradoras irão cada vez mais calcular os riscos para o indivíduo e se liberar das generalidades do conjunto maior. Para muitos, é uma mudança bem-vinda. Uma entusiasta de saúde e bem-estar pode demonstrar hoje, com dados, que ela dorme oito horas por noite, caminha quinze quilômetros por dia, e come principalmente verduras, legumes, castanhas e óleo de peixe. Por que ela não teria um desconto em seu plano de saúde?

A mudança em direção ao indivíduo, como veremos, é embrionária. Mas as seguradoras já estão usando dados para nos dividir em tribos menores e nos oferecer diferentes produtos e serviços a preços variáveis. Alguns podem chamar isso de serviço customizado. O problema é que não é individual. Os modelos nos colocam em grupos que não podemos ver, cujos comportamentos parecem se assemelhar aos nossos. Independentemente da qualidade da análise, a opacidade dela pode levar a preços excessivos.

Seguros de carro, por exemplo. Em 2015, pesquisadores do Consumer Reports conduziram um extenso estudo nacional buscando por disparidades nos preços. Eles analisaram mais de dois bilhões de cotações de preços de todas as grandes seguradoras para clientes hipotéticos de cada um dos 33.419 CEPs dos EUA. O que encontraram foi extremamente injusto e, como vimos no último capítulo, baseado em escores de crédito.

As seguradoras tiram esses escores a partir de relatórios de crédito, e então, usando algoritmo proprietário, criam suas próprias classificações, ou e-escores. Tratam-se de proxies para direção responsável ao volante. Mas o Consumer Reports descobriu que os e-escores, que incluem todo o tipo de dados demográficos, muitas vezes valem mais do que o histórico do motorista. Em outras palavras, o modo como você administra dinheiro pode importar mais do que como dirige o carro. No estado de Nova Iorque, por exemplo, uma queda na classificação de crédito de um motorista de "excelente" para apenas "bom" poderia elevar o custo anual do seguro em US$ 255. E, na Flórida, adultos com históricos limpos de direção e baixos escores de crédito pagam em média US$ 1.552 a mais do que os mesmos motoristas com escores excelentes e com uma condenação por dirigir embriagado.

 Já discutimos sobre como a crescente disseminação dos escores de crédito por toda a economia trabalha contra os pobres. Esse é mais um exemplo flagrante dessa tendência — especialmente tendo em vista que seguro de carro é obrigatório para todos os motoristas. O diferente aqui é o foco no proxy, ao passo em que há dados muito mais relevantes disponíveis. Não consigo imaginar um dado mais significativo para seguradoras de carro do que um histórico de dirigir embriagado. É evidência de risco precisamente na esfera que estão tentando prever. É bem melhor do que os outros proxies que levam em consideração, tais como a média de notas de um estudante de ensino médio. Ainda assim, pode contar muito menos na fórmula do que um escore obtido de dados financeiros misturados num relatório de crédito (que, como vimos, pode estar incorreto).

 Então por que esses modelos se concentrariam em escores de crédito? Bem, como em outras ADMs, sistemas automáticos conseguem explorar os escores de crédito com grande eficiência e em enorme escala. Mas eu diria que a principal razão tem a ver com lucros. Se uma seguradora tem um sistema que consegue obter um extra de US$ 1.552 por ano de um motorista com ficha limpa, por que mudar? As vítimas de sua ADM, como vimos em outros lugares, provavelmente são pobres e menos educadas, e um bom número delas, imigrantes. Têm menos chances de saber que estão sendo ludibriadas. E em bairros com mais empresas de empréstimo consignado do que corretores de seguros, é difícil conseguir juros mais baixos. Em suma, embora um e-escore possa não ter correlação com direção prudente, ele de fato cria um lucrativo grupo de motoristas vulneráveis. Muitos deles estão desesperados para dirigir — seus empregos dependem disso. Cobrá-los a mais é bom para os resultados financeiros da empresa.

Do ponto de vista da seguradora de carros, é um ganha-ganha. Um bom motorista com um escore ruim é risco baixo e recompensa super alta. Além disso, a empresa pode usar alguns dos procedimentos dessa política para tratar as ineficiências do modelo. Nestas podem estar incluídos os motoristas com relatórios de crédito imaculados que pagam bonificações baixas e batem seus carros quando bebem.

Isso pode soar um tanto cínico. Mas considere o algoritmo de otimização de preço da Allstate, a seguradora do slogan "você está em boas mãos". De acordo com o grupo de fiscalização Consumer Federation of America (CFA), a Allstate analisa dados demográficos e de consumo para determinar as chances de um cliente fazer compras por preços menores. Se forem baixas, faz sentido cobrá-los mais. E é isso que a Allstate faz.

E fica pior. Em um documento enviado ao Departamento de Seguros de Wisconsin, a CFA listou cem mil microssegmentos nos esquemas de preço da Allstate. Os níveis de preço são baseados em quanto se pode esperar que cada grupo irá pagar. Consequentemente, alguns recebem descontos de até 90% da tarifa média, enquanto outros recebem um aumento de 800%. "A precificação dos seguros da Allstate se desvinculou das regras das bonificações com base em risco e do domínio da Lei", disse J. Robert Hunter, diretor da CFA e ex-comissário de seguros do Texas. A Allstate respondeu que as acusações da CFA eram imprecisas. A empresa reconheceu, entretanto, que "considerações de mercado, consistentes com práticas do setor, têm sido apropriadas no desenvolvimento dos preços de seguros". Em outras palavras, os modelos estudam uma série de proxies para calcular quanto cobrar dos clientes. E o resto do setor faz isso também.

O preço resultante é injusto. Esse abuso não poderia ocorrer se a precificação de seguros fosse transparente e os clientes pudessem facilmente comparar os preços praticados. Mas, como outras ADMs, é opaca. Cada pessoa tem uma experiência diferente, e os modelos são otimizados para tirar tanto dinheiro quanto possível dos desesperados e ignorantes. O resultado — outro ciclo de feedback — é que os motoristas pobres, que não dispõem de bonificações ultrajantes, são espremidos por cada centavo que têm. O modelo é ajustado para tirar o máximo de dinheiro possível desse subgrupo. Alguns deles, inevitavelmente, não conseguem honrar um empréstimo de parcelas do carro, cartão de crédito ou aluguel e se tornam inadimplentes. Isso castiga ainda mais seus escores de crédito, o que com certeza os derruba para um microssegmento ainda mais desprezado.

<☠/>

Quando a Consumer Reports publicou seu duro relatório sobre as seguradoras automotivas, também lançou uma campanha dirigida à Associação Nacional de Comissários de Seguros (NAIC), junto de uma campanha no Twitter: @NAIC_News aos comissários de seguros: me cobre pela maneira como dirijo, não por quem você pensa que eu sou! #FixCarInsurance.

A ideia era que os motoristas deveriam ser avaliados pelo seu histórico — o número de multas por excesso de velocidade ou histórico de acidentes — e não por seus padrões de consumo ou os de seus amigos e vizinhos. Mas, na era do Big Data, incitar as seguradoras a nos julgar pela forma como dirigimos significa algo totalmente novo.

As companhias de seguros agora têm diversas formas de estudar o comportamento dos motoristas em extraordinário detalhe. Para uma prévia, basta olhar o setor caminhoneiro.

Hoje em dia, muitos caminhões portam um dispositivo eletrônico de registro que grava cada curva, cada aceleração, cada vez que pisam no freio. Além disso, em 2015, a maior transportadora dos EUA, Swift Transportation, passou a instalar câmeras apontadas em duas direções: uma para a estrada à frente e outra para rosto do motorista.

O objetivo declarado dessa vigilância era reduzir acidentes. Cerca de setecentos caminhoneiros morrem nas rodovias dos EUA todos os anos. E esses acidentes também levam a vida de muitos motoristas em outros veículos. Além da tragédia pessoal, isso custa muito dinheiro. O custo médio de um acidente fatal, de acordo com a Federal Motor Carrier Safety Administration, é de US$ 3,5 milhões.

Mas com tal imenso laboratório para análises em mãos, as transportadoras não param no quesito segurança. Se combinarmos geolocalização, câmeras e tecnologia embutida de rastreamento, os caminhoneiros entregam um fluxo rico e constante de dados comportamentais. As transportadoras agora podem analisar diferentes rotas, acessar gerenciamento de combustível e comparar resultados em diferentes horários do dia e noite. Podem até calcular a velocidade ideal para diferentes superfícies de estradas. E elas usam esses dados para entender quais padrões fornecem mais receita ao custo mais baixo.

Elas também podem comparar motoristas individuais. Painéis de análise dão a cada motorista uma tabela de desempenho. Com um ou dois cliques, um gerente pode identificar os motoristas com a melhor e pior performance de uma ampla gama de métricas. Naturalmente, esses dados de monitoramento podem também calcular o risco para cada motorista.

A promessa não passa ao largo do setor de seguros. As principais seguradoras, incluindo Progressive, State Farm e Travelers, já estão oferecendo aos motoristas um desconto nos preços se eles concordarem em compartilhar os dados de condução. Uma pequena unidade de telemetria no carro, versão simplificada das caixas-pretas de aviões, registra a velocidade do carro e como o motorista freia e acelera. Um monitor GPS rastreia os movimentos do veículo.

Em teoria, isso atende o ideal da campanha da Consumer Reports. O foco é no motorista individual. Considere jovens de dezoito anos. Tradicionalmente eles pagam preços de alto risco porque seu grupo etário, estatisticamente, extrapola a cota de imprudência. Mas agora um aluno de último ano do colégio que evita cantar pneu, dirige em velocidade consistente abaixo do limite de velocidade e freia suavemente no sinal vermelho pode ganhar um desconto. Há muito tempo as seguradoras dão vantagens a jovens motoristas que completam a autoescola ou que são os primeiros da sala. São proxies para condução responsável. Mas dados de condução são mais verdadeiros. É melhor, certo?

Há alguns problemas. Primeiro, se o sistema atribui risco à localização geográfica, motoristas mais pobres saem perdendo. Eles mais provavelmente dirigem em bairros que as seguradoras consideram arriscados. Muitos também têm viagens longas e irregulares ao trabalho, o que se traduz em maior risco.

Tudo bem, você poderia dizer. Se bairros pobres são mais arriscados, especialmente para roubo de carros, por que as seguradoras deveriam ignorar essa informação? E se viagens mais longas aumentam as chances de acidentes, isso é algo que as seguradoras têm direito de levar em conta. A avaliação ainda é baseada no comportamento do motorista, não em detalhes externos como classificação de crédito ou histórico de condução de pessoas da mesma idade. Muitos considerariam isso como um avanço.

Em certo grau, é. Mas imagine uma motorista hipotética que mora numa área perigosa de Newark, Nova Jersey, e precisa viajar vinte e um quilômetros até o emprego como barista do Starbucks num subúrbio rico de Montclair. Seus horários são caóticos e incluem o ocasional fechabrir. Então ela fecha a loja às 11, dirige de volta à Newark e volta antes das 5 da manhã. Para economizar dez minutos e US$1,50 em cada sentido na via expressa Garden State, ela toma um atalho que a leva por uma via tomada por bares e casas de strip.

Uma seguradora que entende de dados irá notar que carros viajando por aquela via depois da meia-noite terão risco aumentado de acidentes. Há mais do que alguns poucos bêbados na pista. E, para sermos justos, nossa barista está acrescentando um pouco de risco ao tomar o atalho e compartilhar a via com pessoas saindo dos bares. Uma delas pode atingi-la. Mas no que diz respeito ao rastreador de GPS da seguradora, ela não apenas está se misturando aos bêbados, como ela pode ser um deles.

Dessa forma, até mesmo os modelos que monitoram nosso comportamento pessoal podem obter muitos de seus insights e avaliar riscos ao nos comparar com os outros. Desta vez, ao invés de colocar no mesmo balde pessoas que falam árabe ou urdu, que moram no mesmo CEP ou têm salários parecidos, eles juntam grupos de nós que agem de modo semelhante. Se não notou, é de novo a história da farinha do mesmo saco, com muitas das mesmas injustiças.

Quando falo sobre caixas-pretas em carros, a maioria das pessoas não se opõe tanto às análises quanto à vigilância em si. Elas insistem que não irão ceder ao monitoramento. Não querem ser rastreadas ou ter suas informações vendidas a publicitários ou entregues à Agência de Segurança Nacional. Algumas dessas pessoas podem resistir à vigilância. Mas a privacidade, cada vez mais, terá um custo.

Nesse estágio inicial, os sistemas de rastreamento das seguradoras são opcionais. Apenas quem topar ser rastreado precisa ligar a caixa-preta. Eles são recompensados com um desconto de 5 a 50% e a promessa de mais descontos no futuro. (E o resto de nós subsidia esses descontos com preços mais altos.) Mas conforme as seguradoras obtêm mais informações, serão capazes de criar previsões mais poderosas. Essa é a natureza da economia dos dados. Aqueles que extraírem mais inteligência a partir dessas informações, transformando-as em lucro, sairão no topo. Irão prever riscos de grupo com muito mais precisão (apesar de que indivíduos irão sempre os confundir). E quanto mais se beneficiarem dos dados, mais pressão farão para obtê-los.

Em certo ponto, os rastreadores provavelmente se tornarão regra. E consumidores que quiserem lidar com seguros à moda antiga, ocultando tudo além do essencial de suas seguradoras, precisarão pagar um prêmio exorbitante. No mundo das ADMs, privacidade é crescentemente um luxo que apenas os ricos podem bancar.

Ao mesmo tempo, o monitoramento irá mudar a própria natureza dos seguros. Seguros são um negócio, tradicionalmente, que se vale da maioria da comunidade responder às necessidades de uma minoria desafortunada. Nas vilas em que vivíamos séculos atrás, famílias, grupos religiosos e vizinhos ajudavam uns aos outros quando incêndios, acidentes ou doenças apareciam. Na economia de mercado, nós terceirizamos esse cuidado às empresas seguradoras, que ficam com uma parte do dinheiro para si e chamam de lucro.

Conforme as seguradoras aprendem mais a nosso respeito, elas serão capazes de detectar com precisão aqueles que parecem ser os clientes de mais risco e, em seguida, elevar seus preços à estratosfera ou, onde for legal, negar-lhes cobertura. Isso fica muito distante do propósito original dos seguros, que é o de ajudar a sociedade a equilibrar seus riscos. Em um mundo segmentado, não mais pagamos a média. Em vez disso, ficamos sobrecarregados com custos antecipados. Em vez de suavizar os solavancos da vida, as seguradoras vão exigir o pagamento antecipado desses solavancos. Isso enfraquece o propósito dos seguros, e as pancadas serão especialmente fortes em quem menos pode bancá-los.

<∅/>

Conforme as seguradoras esmiúçam os padrões de nossas vidas e corpos, elas irão nos agrupar em novos tipos de tribos. Mas estas não serão baseadas em métricas tradicionais tais como idade, gênero, patrimônio ou CEP. Em vez disso, serão tribos comportamentais, geradas quase totalmente por máquinas.

Para ver como tais agrupamentos irão ocorrer, tome de exemplo uma empresa de dados nova-iorquina chamada Sense Networks. Uma década atrás, pesquisadores da Sense começaram a analisar dados de telefones celulares mostrando a que lugares as pessoas iam. Esses dados, fornecidos pelas operadoras de telefonia na Europa e América, eram anônimos: apenas pontos movendo-se no mapa. (É claro, não seria necessário muito trabalho investigativo para associar um desses pontos ao endereço para o qual voltava à noite durante a semana. Mas a Sense não fazia indivíduos, mas tribos.)

A equipe inseria esses dados móveis de celulares de Nova Iorque em seu sistema de machine learning, mas fornecia poucas orientações adicionais. Eles não instruíram o programa a isolar suburbanos ou millennials ou a criar diferentes baldes de consumidores. O software encontraria semelhanças por conta própria. Muitas delas seriam tolas — pessoas que passavam mais da metade do dia em ruas começando com a letra J, ou aqueles que passam mais tempo do lado de fora durante o intervalo de almoço. Mas se o sistema explorasse milhões desses pontos de dados, padrões começariam a surgir. Correlações surgiriam, incluindo muitas que os seres humanos, pressupõe-se, jamais levariam em conta.

Conforme os dias passavam e o computador da Sense digeria seu massivo acervo de dados, os pontos passaram a ganhar cores diferentes. Alguns se voltaram para o vermelho, outros ao amarelo, azul e verde. As tribos estavam emergindo.

O que essas tribos representavam? Apenas a máquina sabia, e ela não dizia nada. "Nós não necessariamente identificávamos o que essas pessoas tinham em comum", disse o co-fundador e ex-CEO da Sense, Greg Skibiski. "Elas não cabiam nos baldes tradicionais que havíamos criado." Conforme as tribos ganhavam suas cores, a equipe da Sense podia rastrear seus movimentos por Nova Iorque. Durante o dia, certos bairros ficavam dominados pelo azul, então viravam vermelhos durante a noite, com pitadas de amarelo. Uma tribo, lembrou-se Skibiski, parecia frequentar um certo lugar tarde da noite. Era uma casa noturna? Uma boca de fumo? Quando a equipe da Sense pesquisou o endereço, viram que se tratava de um hospital. Pessoas daquela tribo pareciam estar ficando doentes ou se machucando com mais frequência. Ou talvez fossem médicos, enfermeiros e trabalhadores de emergência.

A Sense foi vendida em 2014 à YP, empresa de publicidade mobile derivada da AT&T. Então, por ora, essa ordenação será usada para atingir diferentes tribos com anúncios. Mas podemos imaginar como sistemas de machine learning alimentados por diferentes fontes de dados comportamentais irão, em breve, colocar-nos não apenas numa tribo mas em centenas delas, até mesmo milhares. Certas tribos irão reagir a anúncios semelhantes. Outras podem ser parecidas politicamente ou acabarem na prisão com mais frequência. Algumas podem amar fast food.

Meu argumento é que oceanos de dados comportamentais, nos próximos anos, irão sustentar diretamente os sistemas de inteligência artificial. E estes permanecerão como caixas pretas aos olhos humanos. Ao longo desse processo, raramente saberemos a qual tribo "pertencemos" ou o porquê. Era da Inteligência de Máquina, a maioria das variáveis permanecerão um mistério. Muitas dessas tribos irão mudar de hora em hora, ou mesmo de minuto em minuto, conforme os sistemas movem as pessoas de um grupo a outro. Afinal, a mesma pessoa age de modo bem diferente às 8 da manhã e às 8 da noite.

Esses programas automáticos irão cada vez mais determinar como somos tratados pelas outras máquinas, as que escolhem quais anúncios veremos, que determinam preços, que nos colocam na fila por uma consulta com o dermatologista ou que mapeiam nossas rotas. Elas serão altamente eficientes, aparentemente arbitrárias e totalmente não responsabilizáveis. Ninguém entenderá sua lógica ou será capaz de explicá-la.

Se não tomarmos de volta um certo controle, essas futuras ADMs parecerão misteriosas e poderosas. Farão conosco o que quiserem, e mal saberemos o que está acontecendo.

<☠/>

Em 1943, no auge da Segunda Guerra Mundial, quando os exércitos e indústrias norte-americanas necessitavam de todos os soldados ou trabalhadores que pudessem encontrar, a Receita Federal ajustou o código tributário, dando isenção de impostos aos planos de saúde pagos pelo empregador. Não parecia grande coisa, certamente nada que competisse com as manchetes sobre a rendição alemã em Stalingrado ou o desembarque dos Aliados na Sicília. À época, apenas 9 por cento dos trabalhadores norte-americanos recebia um plano de saúde como benefício do trabalho. Mas com o novo status de isenção de impostos, os negócios passaram a atrair os escassos trabalhadores oferecendo plano de saúde. Em dez anos, 65 por cento dos norte-americanos ficariam sob o sistema de seus empregadores. As companhias já exerciam grande controle sobre nossas finanças. Mas nessa única década, ganharam uma medida de controle — quer quisessem ou não — sobre nossos corpos.

Setenta e cinco anos depois, os custos de planos de saúde entraram em metástase e agora consomem US$ 3 trilhões por ano. Quase um dólar de cada cinco que ganhamos fomenta a vasta indústria dos planos de saúde.

Os empregadores, que há muito tempo vêm fazendo pequenas deduções dos ganhos dos trabalhadores para reduzir custos, agora têm uma nova tática para combater esses custos crescentes. Chamam de "wellness", ou bem-estar. Envolve crescente monitoramento, incluindo muitos dados que chegam a partir da Internet das Coisas — Apple Watch, Fitbit e outros sensores que retransmitem a forma como nossos corpos estão funcionando.

A ideia, como vimos diversas vezes, parte de boas intenções. De fato, é encorajada pelo governo. A Lei de Proteção e Cuidado ao Paciente, conhecida como Obamacare, convida as empresas a envolver os trabalhadores em programas de bem-estar, e mesmo a "incentivar" a saúde. Por lei, empregadores agora podem oferecer recompensas e fixar penalidades que chegam a até 50% do custo de cobertura. De acordo com um estudo da Rand Corporation, mais da metade de todas as organizações empregando cinquenta ou mais pessoas têm programas de bem-estar em funcionamento, e mais estão se juntando à tendência a cada semana.

Há muitas justificativas para programas de bem-estar. Se funcionarem — e, como veremos, é um grande "se" — o maior beneficiado é o trabalhador ou trabalhadora e sua família. Mas se os programas ajudam os trabalhadores a evitar doenças de coração ou diabetes, o empregador ganha também. Quanto menos visitas ao pronto-socorro forem feitas pelo funcionário da empresa, todo o grupo de funcionários parece menos arriscado para a seguradora, o que faz baixar o preço das apólices de seguro. Assim, se pudermos simplesmente tirar os olhos das intrusões, o bem-estar pode parecer ser um ganho para todos os envolvidos.

O problema é que não podemos ignorar as intrusões ou esperar que desapareçam. E tampouco a coerção. Veja o caso de Aaron Abrams, um professor de matemática de Washington e da Lee University em Virginia. Ele é coberto pelo Seguro Anthem, que administra um programa de bem-estar. Para cumprir o programa, ele deve acumular 3.250 "Pontos de Saúde". Ele ganha um ponto a cada "log-in diário" e mil pontos a cada visita anual ao médico com exames de rotina. Ele também ganha pontos ao preencher uma "Pesquisa de Saúde" na qual atribui a si mesmo metas mensais, ganhando mais pontos se as bate. Se escolher não participar do programa, Abrams precisa pagar um extra de US$ 50 por mês.

Abrams foi contratado para ensinar matemática. E agora, como milhões de outros norte-americanos, parte do trabalho é seguir uma série de ditames de saúde e compartilhar esses dados não apenas com seu empregador, mas também com uma empresa terceirizada que gerencia o programa. Ele se ressente, e prevê o dia em que a faculdade poderá aumentar essa vigilância. "É mais que esquisito", diz, "pensar em alguém reconstruindo meus movimentos diários com base no meu próprio 'auto-rastreamento' de meus passos".

Meu medo vai um passo além. Uma vez que empresas acumulem acervos de dados sobre a saúde dos funcionários, o que as impedirá de criar pontuações de saúde e as usar para selecionar candidatos a vagas? Muito dos dados de proxy coletados, quer seja contagem de passos ou padrões de sono, não são protegidos por lei, então teoricamente seria perfeitamente legal. E faria sentido. Como vimos, de forma rotineira os candidatos são rejeitados com base em escores de crédito e testes de personalidade. Pontuação de saúde representa um próximo passo natural — e assustador.

As empresas já estão estabelecendo padrões de saúde ambiciosos para os trabalhadores e os penalizando caso não os atendam. A Michelin, empresa de pneus, estabelece metas de métricas que vão desde pressão arterial à glicose, colesterol, triglicérides e medida da cintura. Quem não atingir a meta em três categorias tem de pagar mil dólares a mais ao plano de saúde. A rede nacional de drogarias CVS anunciou em 2013 que iria exigir dos funcionários que informassem seus níveis de gordura corporal, açúcar no sangue, pressão arterial e colesterol — ou pagar US$ 600 ao ano.

A jogada da CVS levou à seguinte resposta furiosa de Alissa Fleck, colunista da Bitch Media: "Atenção a todos, em toda parte. Se você está lutando há anos para conseguir entrar em forma, o que quer que isso signifique para você, pode parar o que estiver fazendo porque a CVS já tem a solução. Qualquer besteira que você estava tentando não te dava a motivação adequada. Exceto, como acontece, esse regime já existe e se chama humilhação e gordofobia. Peça a alguém que lhe diga que está acima do peso, ou pague uma baita multa".

No cerne da questão do peso está uma estatística desacreditada, o índice de massa corporal (IMC). Ele é baseado numa fórmula criada dois séculos atrás por um matemático belga, Lambert

Adolphe Jacques Quetelet, que sabia quase nada sobre saúde ou o corpo humano. Ele apenas queria uma fórmula simples para medir obesidade numa população grande. Ele a baseou no que chamou de "homem médio".

"É um conceito útil", escreveu Keith Devlin, matemático e escritor de ciências. "Mas se tentar aplicá-lo a qualquer pessoa, você gera um absurdo como uma pessoa com 2,4 crianças. Médias medem populações inteiras e muitas vezes não se aplicam a indivíduos." Devlin acrescenta que o IMC, com pontuação numérica, dá um ar matemático de falsa autoridade científica.

O IMC é o peso de uma pessoa em quilogramas dividido pela altura em centímetros. É um proxy numérico bruto para forma física. É mais provável que conclua que mulheres estão acima do peso (afinal, não somos "homens médios"). E mais, já que gordura pesa menos que músculo, atletas esculpidos muitas vezes têm IMC altíssimo. No universo alternativo do IMC, Lebron James é classificado como acima do peso. Quando um sistema econômico tipo "cenoura e vara" é vinculado ao IMC, grandes grupos de trabalhadores são penalizados pelo tipo de corpo que possuem. Isso é especialmente difícil às mulheres negras, que muitas vezes têm IMC alto.

Mas não seria algo bom, dizem os defensores do bem-estar, ajudar as pessoas a lidar com seu peso e demais questões de saúde? A questão crucial é se essa ajuda é uma oferta ou um comando. Se as empresas montarem programas de bem-estar livres e voluntários, poucos teriam motivos para se opor (e funcionários que optam por participar de tais programas de fato registram ganhos, embora pudessem muito bem fazer isso sem eles). Mas vincular uma estatística falha como o IMC à compensação, e obrigando os trabalhadores a moldar seus corpos ao ideal da empresa, infringe a liberdade. Isso dá às empresas uma desculpa para punir pessoas para as quais elas não gostam de olhar — e de tirar dinheiro de seus bolsos ao mesmo tempo.

Tudo isso é feito em nome da saúde. Enquanto isso, o mercado de bem-estar de US$ 6 bilhões proclama seus sucessos em voz alta — muitas vezes sem oferecer evidências. "Estes são os fatos", escreve Joshua Love, presidente da Kinema Fitness, uma empresa de bem-estar corporativo. "Pessoas mais saudáveis trabalham mais duro, são mais felizes, ajudam as outras e são mais eficientes. Trabalhadores pouco saudáveis geralmente são preguiçosos, cansados e infelizes, já que o trabalho é um sintoma de seu estilo de vida."

Naturalmente, Love não deu nenhuma referência ou citação sobre essas afirmações amplas. E mesmo que fossem verdadeiras, as evidências que programas obrigatórios de bem-estar de fato tornam os trabalhadores mais saudáveis são escassas. Uma pesquisa do California Health Benefits Review Program concluiu que programas corporativos do tipo falham em diminuir a pressão arterial média, o açúcar no sangue ou colesterol de quem participa. Mesmo quando as pessoas conseguem perder peso num desses programas, a tendência é recuperá-lo (a única área na qual os programas de bem-estar parecem mostrar resultados positivos é em largar o cigarro).

Ocorre também que programas de bem-estar, apesar dos sucessos individuais amplamente divulgados, muitas vezes não levam a menos custos com plano de saúde. Um estudo de 2013 encabeçado por Jill Horwitz, professora de Direito da UCLA, acaba com a sustentação econômica do movimento. Estudos randomizados, de acordo com a publicação, "levantam dúvidas" de que funcionários obesos e fumantes acumulam contas médicas mais caras que outros. Embora seja verdade que eles têm mais chances de sofrer com problemas de saúde, a tendência é que apareçam mais tarde na vida, quando estão de fora o plano de saúde corporativo e fazem parte do Medicare, o programa governamental de saúde para idosos. Na realidade, as maiores economias dos programas de bem-estar vêm de penalidades aplicadas aos trabalhadores. Em outras palavras, assim como os algoritmos de escalas de horário, eles dão às empresas outro instrumento para saquear os salários de seus funcionários.

Apesar de minhas críticas aos programas de bem-estar, eles não se classificam (ainda) como uma ADM completa. Estão certamente difundidos, intrometem-se nas vidas de milhões de funcionários e infligem sofrimento econômico. Mas não são opacos e, com exceção da ilusória pontuação de IMC, não são baseados em algoritmos matemáticos. São um caso simples e difundido de roubo de salário embrulhado numa floreada retórica de saúde.

Os empregadores já têm nossos dados em overdose. Estão os usando ativamente, como vimos, para nos classificar como potenciais empregados e como trabalhadores. Estão tentando mapear nossos pensamentos e nossas amizades para prever nossa produtividade. Uma vez que já estão profundamente envolvidos com seguros, e a saúde da força do trabalho sendo uma grande despesa, é natural que estenderiam o monitoramento de larga escala também para a saúde. E se as empresas criassem seus próprios modelos de saúde e produtividade, isso poderia se tornar uma ADM verdadeira e completa.

O CIDADÃO-ALVO
A vida cívica

Como você já sabe, tenho repulsa a todos os tipos de ADMs. Então imaginemos que eu decida lançar uma campanha por regulamentações mais rígidas sobre elas, e poste uma petição na minha página do Facebook. Quais amigos verão a petição em seus feeds de notícias?

Não faço ideia. Assim que clico em enviar, aquela petição pertence ao Facebook, e o algoritmo da rede social faz um julgamento sobre como usá-la melhor. Ele calcula as chances de que irá agradar a cada um de meus amigos. Alguns deles, ele sabe, muitas vezes assinam petições, e talvez compartilhem com suas próprias redes. Outros tendem a passar direto. Ao mesmo tempo, um número de amigos prestam mais atenção em mim e tendem a clicar nos artigos que posto. O algoritmo do Facebook leva tudo isso em conta conforme decide quem irá ver minha petição. Para muitos de meus amigos, ela ficará enterrada tão fundo no feed de notícias deles que nunca irão ver.

Isso é o que acontece quando a rede imensamente poderosa que compartilhamos com 1,5 bilhão de usuários é também uma corporação de capital aberto. Embora o Facebook pareça uma moderna praça de cidade, a empresa determina, de acordo com os próprios interesses, o que vemos e aprendemos em sua rede social. Conforme escrevo, cerca de dois terços dos adultos nos EUA tem um perfil no Facebook. Eles gastam trinta e nove minutos por dia no site, apenas quatro minutos a menos que dedicam à socialização cara a cara. Quase metade deles, de acordo com um relatório do Pew Research Center, conta com o Facebook para receber algumas das notícias, o que leva à questão: ao ajustar seu algoritmo e moldar as notícias que vemos, poderá o Facebook manipular o sistema político?

Os próprios pesquisadores da empresa têm investigado isso. Durante as eleições de 2010 e 2012, o Facebook conduziu experimentos para aprimorar uma ferramenta que chamaram de "megafone do eleitor". A ideia era encorajar as pessoas a dizer que foram votar (nos EUA, o voto é facultativo). Parecia razoável o bastante. Ao salpicar os feeds das pessoas com posts dizendo "Eu votei", o Facebook estava encorajando os norte-americanos — mais de 61 milhões deles — a cumprir seu dever cívico e fazer suas vozes serem ouvidas. E mais, ao postar sobre o comportamento de voto das pessoas, o site estava atiçando a pressão entre conhecidos. Estudos têm mostrado que a satisfação silenciosa de cumprir um dever cívico tem menos chances de impelir as outras pessoas do que o possível julgamento de amigos e vizinhos.

Ao mesmo tempo, os pesquisadores do Facebook estavam estudando como diferentes tipos de postagens influenciavam o comportamento de voto das pessoas. Nenhum pesquisador jamais havia trabalhado num laboratório humano dessa escala. Em horas, o Facebook podia colher informação de dezenas de milhões de pessoas ou mais, medindo o impacto que suas palavras e links compartilhados tinham umas nas outras. E poderia usar esse conhecimento para influenciar as ações dessas pessoas, o que neste caso era o voto.

Essa é uma quantia significativa de poder. E o Facebook não é a única empresa a empunhá-lo. Outras corporações de capital aberto, incluindo Google, Apple, Microsoft, Amazon e operadoras de telefonia como Verizon e AT&T têm vasta informação sobre grande parte da humanidade — e os meios para nos guiar da forma que quiserem.

Normalmente, como vimos, elas estão focadas em ganhar dinheiro. No entanto, seus lucros estão firmemente ligados às políticas governamentais. O governo as regulamenta, ou escolhe não fazê-lo, aprova ou impede suas fusões e aquisições, e estabelece suas políticas de impostos (muitas vezes tapando os olhos aos bilhões em paraísos fiscais offshore). É por isso que empresas de tecnologia, como o resto da América do Norte corporativa, inundou Washington com lobistas e silenciosamente despejou milhões de dólares em contribuições no sistema político. Agora estão ganhando os meios para fazer o ajuste fino de nosso comportamento político — e com ele o formato do governo — apenas trabalhando em seus algoritmos.

A campanha do Facebook começou com um objetivo construtivo e aparentemente inocente: encorajar as pessoas a votar. E teve sucesso. Depois de comparar históricos de votação, os pesquisadores estimaram que a campanha havia aumentado a participação em 340 mil pessoas. É uma multidão grande o bastante para fazer virar estados inteiros, e até eleições nacionais. George W. Bush, afinal, venceu em 2000 por uma margem de 537 eleitores na Flórida. A atividade de um único algoritmo do Facebook no dia da votação, fica claro, poderia não apenas mudar a proporção do Congresso, como também decidir a presidência.

A potência do Facebook vem não apenas do seu alcance, como de sua habilidade de usar seus próprios clientes para influenciar os amigos. A vasta maioria das 61 milhões de pessoas no experimento receberam uma mensagem em seu feed de notícias as encorajando a votar.

A mensagem incluía uma exibição de fotos: seis dos amigos de Facebook do usuário, selecionados aleatoriamente, que haviam clicado no botão "Eu votei". Os pesquisadores também estudaram dois grupos de controle, cada qual com cerca de 600 mil pessoas. Um grupo viu a campanha "Eu votei", mas sem as fotos dos amigos. O outro não recebeu nada.

Ao salpicar sua mensagem através da rede, o Facebook estava estudando o impacto do comportamento de amigos sobre o nosso próprio comportamento. As pessoas seriam capazes de encorajar seus amigos a votar, e isso afetaria o comportamento deles? De acordo com os cálculos dos pesquisadores, ver que os amigos estavam participando fez toda a diferença. As pessoas davam muito mais atenção às postagens "Eu votei" quando vinham de amigos, e tinham mais chances de compartilhar essas postagens. Entre aqueles que não receberam o botão a partir de amigos, apenas

18% o fizeram. Não podemos ter certeza que as pessoas que clicaram no botão realmente foram votar, ou que aqueles que não clicaram ficaram em casa. Ainda assim, com 61 milhões de eleitores em potencial na rede, uma diferença possível de dois pontos pode ser enorme.

Dois anos depois, o Facebook deu um passo além. Por três meses durante a campanha entre o presidente Obama e Mitt Romney, um pesquisador da empresa, Solomon Messing, alterou o algoritmo do feed de notícias de cerca de duas milhões de pessoas, todas elas politicamente engajadas. Essas pessoas receberam uma proporção maior de notícias importantes, ao contrário dos vídeos habituais de gatos ou fotos da Disney. Se os amigos compartilhassem uma notícia de jornal, ela aparecia no topo do feed.

Messing queria saber se receber mais notícias a partir de amigos mudava o comportamento político das pessoas. Depois da eleição, Messing enviou questionários. Os resultados autodeclarados indicaram que a participação desse grupo nas eleições havia subido de 64 a 67%. "Quando seus amigos te entregam o jornal", disse Lada Adamic, cientista social computacional do Facebook, "coisas interessantes acontecem". É claro, não eram realmente os amigos entregando o jornal, mas o próprio Facebook. Você poderia argumentar que os jornais têm exercido um poder semelhante há eras. Editores selecionam as notícias de primeira página e decidem como caracterizá-las. Escolhem apresentar palestinos bombardeados ou israelenses em luto, um policial resgatando um bebê ou espancando um manifestante. Essas escolhas podem, sem dúvidas, influenciar a opinião pública e as eleições. O mesmo vale para o noticiário televisivo. Mas quando o New York Times ou a CNN cobrem um assunto, todo mundo vê. A decisão editorial é clara e gravada. Não é opaca. E as pessoas depois debaterão (muitas vezes no Facebook) se aquela decisão foi acertada.

O Facebook é mais como o Mágico de Oz: não vemos os seres humanos envolvidos. Quando visitamos o site, passamos por postagens de nossos amigos. A máquina parece ser apenas um intermediário neutro. Muitas pessoas ainda acreditam que é. Em 2013, quando uma pesquisadora da Universidade de Illinois chamada Karrie Karahalios conduziu uma pesquisa sobre o algoritmo do Facebook, ela descobriu que 62% das pessoas não sabiam que a empresa mexia no feed de notícias. Elas acreditavam que o sistema instantaneamente compartilhava tudo o que postavam com todos os seus amigos.

O potencial do Facebook de influenciar a política vai além do posicionamento de posts e campanhas como a Get Out the Vote. Em 2012, pesquisadores fizeram experimentos com 680 mil usuários da rede social para ver se os posts que viam poderiam afetar seu humor. Já era claro a partir dos experimentos de laboratório que humores são contagiosos. Estar perto de um rabugento provavelmente vai te transformar em outro, mesmo que brevemente. Mas tal contágio se espalharia online?

Usando software linguístico, o Facebook separou posts positivos (animado!) e negativos (chateado!). Eles então reduziram o volume de posts pessimistas em metade dos feeds, e de otimistas nos demais. Quando estudaram o comportamento subsequente de postagem dos usuários, encontraram evidências de que o feed manipulado de fato havia alterado seus humores. Aqueles que viram menos postagens alegres haviam produzido mais posts negativos. Um padrão similar emergiu do lado positivo.

A conclusão deles: "Estados emocionais podem ser transferidos a outros (...), levando pessoas a sentir as mesmas emoções sem que tenham consciência disso". Em outras palavras, os algoritmos do Facebook podem afetar como milhões de pessoas se sentem, e essas pessoas não saberão que isso está acontecendo. O que ocorreria se jogassem com as emoções das pessoas no dia das eleições?

Não tenho razões para crer que os cientistas sociais do Facebook estejam ativamente manipulando o sistema político. A maioria deles são acadêmicos sérios conduzindo pesquisas em uma plataforma com a qual poderiam ter apenas sonhado décadas atrás. Mas o que demonstraram é o enorme poder do Facebook de afetar o que aprendemos, como nos sentimos e se decidimos votar. Sua plataforma é massiva, poderosa e opaca. Os algoritmos são escondidos de nós, e vemos apenas os resultados dos experimentos que os pesquisadores decidem publicar.

Muito do mesmo se aplica ao Google. Seu algoritmo de buscas parece estar focado em aumentar receitas. Mas os resultados de buscas, se o Google quiser, poderia ter um efeito dramático sobre o que as pessoas aprendem e em como votam. Dois pesquisadores, Robert Epstein e Ronald E. Robertson, recentemente pediram a eleitores indecisos dos EUA e Índia para usar um buscador a fim de aprender sobre as eleições vindouras. Os buscadores que usaram foram programados para enviesar os resultados, favorecendo um partido em relação a outro. Esses resultados, disseram, alterou as preferências de voto em 20 por cento.

Esse efeito foi poderoso, em parte, porque as pessoas amplamente confiam nos buscadores. Cerca de 73% dos norte-americanos, de acordo com um relatório da Pew Research, acreditam que os resultados de buscas são precisos e imparciais. Assim, empresas como o Google estariam arriscando suas próprias reputações, e convidando uma repressão regulatória, se adulterarem os resultados em favor de um desfecho político ou outro.

Mas, novamente, como alguém ficaria sabendo? O que sabemos a respeito desses gigantes da Internet vem quase sempre da pequena proporção das pesquisas que eles publicam. Seus algoritmos representam segredos comerciais vitais. Eles conduzem seus negócios no escuro.

Eu ainda não chamaria os algoritmos do Facebook ou Google de ADMs políticas, porque não tenho evidências de que as empresas estejam usando suas redes para causar danos. Ainda assim, o potencial para abusos é vasto. A trama ocorre em código e por trás de imponentes firewalls. E, como veremos, essas tecnologias podem colocar cada um de nós dentro de nossos próprios e aconchegantes recantos políticos.

<☠/>

Em meados de 2012, o ex-governador de Massachusetts, Mitt Romney, tinha sua nomeação costurada como candidato pelo partido Republicano. O passo seguinte era montar seu orçamento de guerra para o confronto com o presidente Obama. Assim, no dia 17 de maio, viajou a Boca Raton, na Flórida, para um evento de arrecadação de fundos na mansão de Marc Leder, investidor de capital privado. Leder já havia doado US$ 225 mil ao super comitê de ação política de Romney, e mais US$ 63 mil a outro comitê do candidato. Ele juntou diversos amigos ricos, a maioria dos quais do mercado imobiliário ou financeiro, para encontrar o presidenciável. Naturalmente, o evento teria um buffet.

Romney poderia supor com segurança que estava entrando num ambiente restrito com um grupo de pessoas que pensava da mesma maneira que Marc Leder. Se fosse um discurso televisionado, Romney tomaria muito cuidado para não desagradar potenciais eleitores republicanos, que variam de evangélicos e financistas de Wall Street até cubano-americanos e ocupadas donas de casa de classe média. Tentar agradar a todos é um dos motivos pelos quais discursos políticos são tão chatos (e particularmente os de Romney, como até seus apoiadores lamentavam). Mas numa reunião intimista na casa de Marc Leder, um pequeno e influente grupo pode se aproximar do verdadeiro Mitt Romney e ouvir sobre o que o candidato realmente acreditava, sem filtros. Eles já haviam feito-lhe grandes doações. Um papo honesto era o mínimo que poderiam esperar do investimento.

Desfrutando da companhia de pessoas que ele acreditava serem apoiadores e de opiniões parecidas, Romney se soltou com observações de que 47 por cento da população eram "tomadores", vivendo da generosidade de um governo grande. Essas pessoas jamais votariam nele, disse o governador — o que tornava particularmente importante alcançar os demais 53 por cento. Mas o direcionamento de Romney, no fim das contas, era inexato. Os garçons circulando entre os doadores, servindo drinks e canapés, eram intrusos. E, como quase todos no mundo desenvolvido, tinham celulares equipados com câmeras. Os comentários depreciativos de Romney, filmados por um bartender, viralizaram. A gafe muito provavelmente custou-lhe a chance de ganhar a Casa Branca.

O sucesso para Romney naquela reunião em Boca Raton exigia direcionamento preciso e sigilo. Ele queria ser o candidato ideal para Marc Leder e amigos. E ele creu que a casa de Leder representava uma zona segura para ser aquele candidato. Num mundo dos sonhos, políticos navegariam incontáveis zonas seguras do tipo para que pudessem ajustar seu discurso para cada subgrupo — sem deixar os demais verem. Um candidato poderia ser vários candidatos, com cada parte do eleitorado vendo apenas as partes que gostavam.

Essa duplicidade, ou "multiplicidade", não é novidade na política. Os políticos há muito tempo vêm tentando ser diversas coisas ao mesmo tempo, quer estejam comendo salsicha de carne kielbasa em Milwaukee, recitando a Torá no Brooklyn ou jurando lealdade ao etanol de milho em Iowa. Mas, como descobriu Romney, câmeras de vídeo agora podem pegá-los no pulo caso exagerem no contorcionismo.

O marketing moderno de consumidor, no entanto, fornece aos políticos novos caminhos até eleitores específicos para que possam dizer a eles o que sabem que querem ouvir. Uma vez que o fazem, esses eleitores provavelmente irão aceitar a informação ao pé da letra porque ela confirma suas crenças prévias, um fenômeno que psicólogos chamam de viés de confirmação. É uma das razões pela qual nenhum dos doadores no evento de Romney questionou a afirmação de que quase metade dos eleitores estavam sedentos por benesses do governo. Apenas reforçou suas crenças existentes.

Essa mescla de política e marketing de consumidor tem se desenvolvido ao longo do último meio século, conforme os rituais tribais da política norte-americana, com seus chefes de ala e longas listas telefônicas, têm dado lugar à ciência do marketing. Em The Selling of the President, que seguiu a campanha de 1968 de Richard Nixon, o jornalista Joe McGinniss introduziu os eleitores aos operadores trabalhando para vender o candidato presidencial como um bem de consumo. Usando grupos de foco, a campanha de Nixon foi capaz de aprimorar seu discurso a diferentes regiões e demografias.

Mas conforme o tempo passou, os políticos queriam uma abordagem mais detalhada, uma que idealmente alcançaria cada eleitor com um xaveco personalizado. Esse desejo fez nascer as campanhas de mala direta. Fazendo uso de táticas do ramo de cartões de crédito, os operadores políticos criaram enormes bases de dados dos consumidores — eleitores, neste caso —, colocando-os em vários subgrupos que refletiam seus valores e dados demográficos. Pela primeira vez era possível que vizinhos de porta recebessem cartas ou folhetos diferentes do mesmo político, um prometendo proteger o meio ambiente e outro com foco em segurança pública.

A mala direta era microssegmentação, mas com rodinhas de treino. A convergência entre Big Data e marketing de consumidor agora fornece aos políticos ferramentas muito mais poderosas. Eles podem atingir microgrupos de cidadãos tanto para votos quanto doações, e atrair cada um com uma mensagem meticulosamente aprimorada, uma que provavelmente nenhuma outra pessoa vai ver. Pode ser um anúncio no Facebook ou e-mail de arrecadação de fundos. Mas cada um permite aos candidatos silenciosamente vender múltiplas versões de si mesmos — e é uma incógnita qual dessas versões vai valer depois da posse.

<☠/>

Em julho de 2011, mais de um ano antes de o presidente Obama concorrer à reeleição, um cientista de dados chamado Rayid Ghani postou uma atualização no LinkedIn:

> Contratando especialistas em analytics interessados em fazer a diferença. A campanha de reeleição de Obama está aumentando a equipe de analytics para trabalhar em problemas de mineração de dados de larga escala e alto impacto.
>
> Temos diversas posições disponíveis em todos os níveis de experiência. Buscando por especialistas em estatísticas, machine learning, mineração de dados, análise de texto e análises preditivas para trabalhar com grandes quantias de dados e ajudar a guiar a estratégia eleitoral.

Ghani, cientista da computação formado em Carnegie Mellon, iria encabeçar a equipe de dados da campanha de Obama. Em seu cargo anterior no Accenture Labs, em Chicago, Ghani desenvolvera aplicativos de Big Data ao consumidor, e confiou que poderia aplicar suas habilidades no mundo político. A meta da campanha de Obama era criar tribos de eleitores de opiniões similares, pessoas tão uniformes em valores e prioridades quanto os convidados da festa de Marc Leder — mas sem os garçons. Poderiam então atingi-los com a mensagem que mais provavelmente os moveria em direção a objetivos específicos, incluindo votar, organizar e arrecadar fundos.

Um dos projetos de Ghani na Accenture envolvia modelar clientes de supermercados. Uma grande rede havia fornecido à equipe da Accenture um massivo banco de dados de compras anonimizadas de clientes. A ideia era vasculhar esses dados para estudar cada hábito de consumo dos clientes e então colocá-los em centenas de baldes diferentes de consumidores. Haveria os compradores por impulso que pegam doces na fila do caixa e os saudáveis dispostos a pagar o triplo por couve orgânica. Essas eram as categorias óbvias. Mas outras eram mais surpreendentes. Ghani e sua equipe, por exemplo, puderam detectar pessoas fiéis a uma marca e outras que trocariam por um desconto, mesmo que pequeno. Havia baldes para esses "persuadíveis", também. O objetivo final era criar um plano diferente para cada cliente e guiá-los pela loja, levando-os a todos os alimentos que tinham mais chances de quererem comprar.

Infelizmente para os clientes da Accenture, essa visão final dependia do advento de carrinhos de compras computadorizados, que ainda não viraram e talvez nunca virem moda. Mas, apesar da decepção nos supermercados, a ciência de Ghani se traduzia perfeitamente em política. Aqueles compradores volúveis que trocavam de marcas para economizar alguns centavos, por exemplo, comportavam-se de maneira similar aos eleitores indecisos ou oscilantes. No supermercado, era possível estimar quanto custaria para virar cada comprador de uma marca de ketchup ou café para outra mais rentável. O supermercado poderia então selecionar, digamos, os 15% mais propensos a mudar e dar-lhes cupons de desconto. O direcionamento inteligente era essencial. Eles certamente não queriam dar cupons a clientes que estavam dispostos a pagar o preço cheio. Seria como queimar dinheiro.[v]

    Cálculos assim funcionariam com eleitores indecisos? Armado com coleções massivas de dados de consumo, demografia e votação, Ghani e equipe partiram para a investigação. Eles enfrentaram, entretanto, uma diferença crucial. No projeto dos supermercados, todos os dados disponíveis eram relativos precisamente ao campo das compras. Eles estudaram padrões de compras para prever (e influenciar) o que as pessoas iriam comprar. Mas na política havia pouquíssimos dados relevantes disponíveis. As equipes de dados de ambas as campanhas precisavam de proxies, e isso requeria pesquisa.

---

[v] De modo semelhante, sites de compras são muito mais propensos a oferecer descontos à pessoas que ainda não estejam logadas. Esta é outra razão para limpar seus cookies regularmente.

Eles começaram entrevistando em profundidade milhares de pessoas. Essas pessoas caíam em diferentes grupos. Algumas se importavam com educação ou com direitos LGBTQIA+, outras com a previdência social ou o impacto da extração tipo fracking nos aquíferos. Alguns apoiavam o presidente incondicionalmente. Outros, ficavam em cima do muro. Um bom número gostava dele mas normalmente não saía de casa para votar. Alguns deles — e isto era vital — estavam dispostos a doar dinheiro para a campanha de Obama.

Uma vez que a equipe de dados de Ghani entendeu esse pequeno grupo de eleitores, seus desejos, medos e o que era necessário para que mudassem de comportamento, o desafio seguinte era encontrar milhões de outros eleitores (e doadores) que se parecessem com eles. Isso envolvia examinar os dados de consumidores e demografia dos eleitores que eles haviam entrevistado e montar perfis matemáticos. Depois seria apenas uma questão de vasculhar os bancos de dados nacionais, encontrar pessoas com perfis semelhantes, e colocá-las nos mesmos baldes.

A campanha poderia então mirar cada grupo com anúncios, talvez no Facebook ou nos sites de mídia que visitavam, para ver se respondiam conforme o esperado. Eles conduziram o mesmo tipo de testes A/B que o Google usa para ver quais tons de azul conseguiam mais cliques em um botão. Tentando abordagens diferentes, descobriram por exemplo que e-mails cujo Assunto dizia apenas "Oi!" confundia as pessoas mas também gerava maior engajamento e às vezes mais doações. Através de milhares de testes e ajustes, a campanha finalmente avaliou e mediu seu público — incluindo um importante contingente de quinze milhões de eleitores indecisos.

Durante todo esse processo, cada campanha desenvolveu perfis dos eleitores norte-americanos. Cada perfil continha inúmeras pontuações, que não apenas aferiam o valor do perfil enquanto potencial eleitor, voluntário e doador, como também refletia suas posições sobre diferentes temas. Um eleitor poderia ter uma alta pontuação em questões ambientais mas uma baixa em segurança nacional ou comércio exterior. Esses perfis políticos são muito similares àqueles que empresas de Internet, como Amazon e Netflix, usam para lidar com suas dezenas de milhões de clientes. Os motores de analytics dessas empresas produzem análises de custo/benefício quase constantes para maximizar o faturamento por cliente.

Quatro anos depois, a campanha de Hillary Clinton aprofundou a metodologia estabelecida pela equipe de Obama. Contrataram uma startup de microdirecionamento, Groundwork, financiada por Eric Schmidt, executivo do Google, e gerida por Michael Slaby, diretor de tecnologia da campanha de Obama de 2012. A meta, de acordo com uma reportagem do Quartz, era montar um sistema de dados que criaria uma versão política dos sistemas que empresas como o Salesforce.com desenvolvem para lidar com seus milhões de clientes.

    O apetite por dados relevantes e atualizados, como você pode imaginar, é intenso. E alguns dos métodos para juntá-los são desagradáveis, para não dizer invasivos. No fim de 2015, o Guardian reportou que uma empresa de dados políticos, Cambridge Analytica, havia pagado acadêmicos no Reino Unido para associar perfis de Facebook de eleitores nos EUA, com detalhes demográficos e registros de "curtidas" de cada usuário. Eles usaram essas informações para desenvolver análises psicográficas de mais de quarenta milhões de eleitores, classificando cada um na escala dos "grandes cinco" traços de personalidade: abertura a ideias, conscienciosidade, extroversão, amabilidade e neuroticismo. Grupos trabalhando na campanha presidencial de Ted Cruz então usaram esses estudos para criar comerciais de TV visando diferentes tipos de eleitores, colocando-os na programação a que mais provavelmente assistiam. Quando a Coligação Judaica Republicana se encontrou no Venetian em Las Vegas em maio de 2015, por exemplo, a campanha de Cruz soltou uma série de anúncios baseados na web, visíveis apenas de dentro do complexo de hotéis, que enfatizava a devoção de Cruz a Israel e à segurança daquele país.

    Devo mencionar aqui que nem todas essas campanhas de direcionamento se provaram efetivas. Algumas, sem dúvida, estão vendendo gato por lebre. Os microdirecionadores, afinal, estão eles próprios se vendendo às campanhas e grupos de ação política com milhões de dólares para gastar. Eles os vendem como grandes promessas de bancos de dados inestimáveis e direcionamento preciso, muitos dos quais exagerados. Então, nesse sentido, os políticos não apenas fazem promessas questionáveis mas também as consomem (a um custo exorbitante). Dito isso, como a equipe de Obama demonstrou, alguns desses métodos são frutíferos. E assim o setor — tanto cientistas de dados sérios quanto amadores — focaliza-se nos eleitores.

    Os microdirecionadores políticos, no entanto, encaram restrições exclusivas que fazem seu trabalho muito mais complexo. O valor de cada eleitor, por exemplo, sobe ou desce dependendo da probabilidade de seu Estado estar na jogada. Um eleitor indeciso de um Estado indeciso, como Flórida, Ohio ou Nevada, tem alto valor. Mas se as pesquisas mostram o Estado pendendo decisivamente para o azul ou vermelho (para um partido ou outro), o valor daquele eleitor cai, e o orçamento de marketing é rapidamente movido em direção a outros eleitores cujos valores estão subindo.

Nesse sentido, podemos pensar no público votante da mesma maneira como pensamos no mercado financeiro. Com o fluxo de informações, valores sobem e descem, assim como investimentos. Nesses novos mercados políticos, cada um de nós representa uma ação na bolsa, com seu próprio preço flutuante. E cada campanha deve decidir como e se vai investir em nós. Se merecermos o investimento, então eles decidem não apenas quais informações nos dar mas também quanto e como entregá-las.

Cálculos semelhantes, numa escala macro, têm sido feitos por décadas quando as campanhas planejam seus gastos em TV. Conforme as pesquisas de intenção de voto mudam, eles podem cortar os anúncios em Pittsburgh e mover esses dólares a Tampa ou Las Vegas. Mas, com microdirecionamento, o foco muda da região para o indivíduo. Mais importante, apenas aquele indivíduo vê a versão customizada do político.

As campanhas usam análise semelhante para identificar doadores em potencial e otimizar cada um deles. Aqui a coisa complica, porque muitos dos doadores estão fazendo seus próprios cálculos. Eles querem o maior retorno possível pela grana investida. Eles sabem que se derem imediatamente a contribuição máxima a campanha os verá como "explorados totalmente" e portanto irrelevantes. Mas se recusar a dar qualquer valor também os fará irrelevantes. Assim, muitos dão uma gota de dinheiro com base na concordância com as mensagens que estão ouvindo. Para eles, lidar com um político é como treinar um cão com petiscos. Esse efeito é ainda mais poderoso para doadores dos Super Comitês, que não possuem limite de contribuição.

As campanhas, é claro, conhecem bem essa tática. Com o microdirecionamento, elas podem enviar a cada um desses doadores as informações que mais provavelmente arrancarão deles mais dinheiro. E as mensagens irão variar de um doador a outro.

<☠/>

Essas táticas não se limitam às campanhas. Elas infectam nossa vida cívica, com lobistas e grupos de interesse agora usando esses métodos de direcionamento para fazer seu trabalho sujo. Em 2015, o Center for Medical Progress, um grupo antiaborto, postou vídeos exibindo o que diziam ser um feto abortado em uma clínica de Planejamento Familiar. Os vídeos afirmavam que os médicos da clínica estavam vendendo partes de bebês para pesquisa, o que levou a uma onda de protestos e pressão do partido Republicano a eliminar o financiamento dessas organizações.

Pesquisas posteriores mostraram que os vídeos haviam sido manipulados: o chamado feto era na verdade uma foto de um bebê natimorto de uma mulher da zona rural da Pensilvânia. E o Planejamento Familiar não vende tecido de fetos. O Center for Medical Progress admitiu que o vídeo continha desinformação, o que enfraqueceu sua atratividade a um mercado de massa. Mas com microdirecionamento, ativistas antiaborto podiam continuar construindo uma audiência para o vídeo, apesar da premissa falsa, e usá-lo para arrecadar fundos para combater o Planejamento Familiar.

Enquanto aquela campanha era lançada ao público, centenas de outras continuam pairando abaixo da superfície, abordando eleitores individuais. Essas campanhas mais silenciosas são igualmente enganosas e ainda menos passíveis de responsabilização. E entregam bombas ideológicas a que os políticos apenas fariam sugestões se estivessem sendo gravados. De acordo com Zeynep Tufekci, professora e tecno-socióloga da Universidade da Carolina do Norte, esses grupos identificam eleitores vulneráveis e então os atingem com campanhas que exploram o medo, assustando-os sobre a segurança de suas crianças ou o crescimento da imigração ilegal. Ao mesmo tempo, podem manter esses anúncios escondidos de eleitores que podem não gostar ou mesmo se sentir enojados com tais mensagens.

O microdirecionamento de sucesso explica, em parte, porque em 2015 mais de 43% dos republicanos, de acordo com uma pesquisa, ainda acreditavam na mentira que o presidente Obama era muçulmano. E 20% acreditava que ele havia nascido fora dos EUA, sendo assim um presidente ilegítimo. (Os democratas podem também espalhar suas próprias desinformações no microdirecionamento, mas nada que surgiu se equipara à escala das campanhas anti-Obama.)

Mesmo com o crescimento do microdirecionamento, as campanhas políticas ainda estão direcionando 75% de suas compras de mídia, em média, à televisão. Pode-se imaginar que isso teria um efeito equalizador, o que de fato ocorre. A televisão entrega a mensagem mais ampla (e responsabilizável), enquanto o microdirecionamento faz seu trabalho nas sombras. Mas mesmo a televisão está indo na direção dos anúncios personalizados. Novas empresas de publicidade como a Simulmedia, em Nova Iorque, reúnem telespectadores em baldes comportamentais, para que anunciantes possam atingir um público de pessoas que pensam de modo parecido, quer sejam pacifistas, caçadores, ou compradores de SUVs do tamanho de um tanque. Conforme a televisão e o resto da mídia vai em direção ao perfilamento de seus espectadores, cresce o potencial para o microdirecionamento político.

Conforme isso ocorre, ficará mais difícil acessar as mensagens políticas que nossos vizinhos estão vendo — e, como resultado, entender por que acreditam no que acreditam, muitas vezes de modo apaixonado. Mesmo um jornalista abelhudo vai ter dificuldade em localizar as mensagens. Não basta simplesmente visitar o site do candidato na web, já que eles também automaticamente perfilam e miram cada visitante, pesando tudo desde seu CEP aos links que clicam na página, até mesmo as fotos que aparentam estarem olhando. Também é inútil criar dezenas de perfis "fake", porque os sistemas associam cada eleitor real com conhecimento acumulado profundo, incluindo registros de compras, endereços, números de telefone e mesmo o número de identificação de seguridade social e perfis no Facebook. Para convencer o sistema de que são reais, cada perfil fake teria de ter sua própria carga de dados. Fabricar um iria requerer trabalho demais para um projeto de pesquisa (e, no pior cenário, pode fazer com que o investigador se envolva com fraude).

O resultado dessas campanhas subterrâneas é um desequilíbrio perigoso. Os marqueteiros políticos mantêm dossiês profundos sobre nós, nos dão gotas de informação e medem como respondemos a elas. Mas somos mantidos no escuro sobre o que nossos vizinhos recebem. Isso parece uma tática comum usada por negociadores empresariais. Eles lidam com as diferentes partes separadamente, para que nenhuma delas saiba o que a outra está ouvindo. Essa assimetria de informação impede que as várias partes juntem forças — o que é precisamente a razão de ser de um governo democrático.

Essa crescente ciência do microdirecionamento, com seus perfis e previsões, encaixa-se muito bem na nossa sombria coleção de ADMs. É vasta, opaca e não responsabilizável. Ela dá cobertura a políticos, encorajando-os a ser coisas diferentes a muitas pessoas.

A pontuação dada a eleitores individuais também enfraquece a democracia, tornando importante uma minoria de eleitores e fazendo do resto pouco mais que um elenco de apoio. De fato, olhando os modelos usados nas eleições presidenciais, parecemos habitar um país encolhido. Enquanto escrevo, toda a população que importa vive num punhado de municípios na Flórida, Ohio, Nevada e outros poucos estados indecisos. Dentro desses municípios está um pequeno número de eleitores cujas opiniões pesam na balança. Posso ressaltar que enquanto muitas das ADMs apresentadas aqui, dos anúncios predatórios aos modelos policiais, aplicam a maior parte de suas punições sobre as classes baixas, o microdirecionamento político prejudica eleitores de todas as classes econômicas. De Manhattan a São Francisco, tanto ricos como pobres se veem privados de direitos (apesar de os verdadeiramente abastados, é claro, poderem mais do que compensar isso com doações às campanhas).

Em todo caso, todo o sistema político — o dinheiro, a atenção, a bajulação — se vira aos eleitores-alvo como uma flor seguindo o Sol. O resto de nós é praticamente ignorado (exceto pelos convites para arrecadação de fundos). Os programas já previram nosso padrão de voto, e qualquer tentativa de mudá-lo não vale o investimento.[vi]

Isso cria um nefasto ciclo de feedback. Os eleitores desconsiderados são mais propensos a ficarem desencantados. Os vencedores sabem como jogar o jogo. Eles ficam por dentro da história, enquanto a imensa maioria dos consumidores recebem apenas pedacinhos testados no mercado.

Na verdade, há uma assimetria adicional. Pessoas que são esperadas a votar mas que, por uma razão ou outra, pulam uma eleição, ganham um banho de atenção na próxima vez. Elas ainda parecem ter um alto potencial de votação. Mas

---

[vi] Em nível federal, esse problema poderia ser bem atenuado ao se eliminar o sistema de Colégios Eleitorais. É a matemática do "vencedor leva tudo", de Estado a Estado, que dá tanto poder a um punhado de eleitores. É como se na política, como na economia, tivéssemos o 1% de privilegiados. E o dinheiro do 1% financeiro garante o microdirecionamento e os votos do 1% político. Sem os Colégios Eleitorais, ao contrário, cada voto teria exatamente o mesmo valor. Seria um passo rumo à democracia.

aqueles não esperados a votar são largamente ignorados. Os sistemas estão buscando pelos votos mais baratos a se converter, com o mais alto retorno por cada dólar gasto. E não eleitores por vezes parecem caros. Essa dinâmica estimula uma certa classe de pessoas a permanecer ativas e deixa o resto em repouso para sempre.

Como costuma ser o caso com as ADMs, os mesmos modelos que causam danos poderiam ser usados em benefício da humanidade. Em vez de mirar pessoas com a intenção de manipulá-las, poderiam alinhá-las para receberem auxílio. Numa eleição para prefeito, por exemplo, uma campanha de microdirecionamento pode marcar certos eleitores para enviar-lhes mensagens raivosas sobre alugueis caros demais. Mas se o candidato sabe que essas pessoas estão zangadas com o aluguel, que tal usar a mesma tecnologia para identificar aquelas que mais irão se beneficiar de habitação com preços acessíveis e então ajudar a encontrá-las?

Com mensagens políticas, como com a maioria das ADMs, o coração do problema é quase sempre o objetivo. Mude aquele objetivo de sugar as pessoas para ajudá-las, e a ADM é desarmada — e pode até mesmo se tornar uma força para o bem.

CONCLUSÃO

Nesta marcha através da linha do tempo de uma vida hipotética, visitamos escolas e faculdades, tribunais e locais de trabalho, e até mesmo a cabine de votação. Ao longo do caminho, testemunhamos a destruição causada pelas ADMs. Prometendo eficiência e justiça, elas distorcem o ensino superior, aumentam as dívidas, estimulam o encarceramento em massa, esmagam os pobres em quase todos os momentos, e minam a democracia. Pode parecer que a resposta lógica seria desarmar essas armas, uma por uma.

O problema é que elas alimentam-se umas das outras. Pessoas pobres são mais propensas a ter pouco crédito e viver em bairros com maior incidência de crimes, cercadas por outras pessoas pobres. Uma vez que o universo sombrio das ADMs digere esses dados, ele inunda essas pessoas com anúncios predatórios de empréstimos imobiliários de alto risco ou universidades com fins lucrativos. Envia mais policiamento para prendê-las, e quando são condenadas as sentencia com penas mais duras. Esses dados alimentam outras ADMs, que marcam as mesmas pessoas como de alto risco ou alvos fáceis e prosseguem a bloqueá-las de empregos, enquanto aumentam seus juros para empréstimos imobiliários, de carros e todo e qualquer plano de seguro imaginável. Isso derruba ainda mais sua classificação de crédito, criando nada menos que uma espiral mortal de modelagem. Ser pobre em um mundo de ADMs está se tornando cada vez mais perigoso e custoso.

As mesmas ADMs que abusam dos pobres também posicionam as classes abastadas da sociedade em lugares protegidos e confortáveis. As enviam para férias em Aruba e para estudar na escola de negócios Wharton. Para muitos deles, pode parecer que o mundo está ficando mais fácil e inteligente. Os modelos destacam pechinchas no prosciutto e chianti, recomendam um ótimo filme no Amazon Prime, ou os conduzem passo a passo até um café num bairro que costumava ser "suspeito". A natureza silenciosa e personalizada desse targeting impede que os vencedores sociais vejam como esses mesmos modelos estão destruindo vidas, às vezes apenas a algumas quadras de distância.

Nosso lema nacional, E Pluribus Unum, significa "Dentre Muitos, Um". Mas as ADMs invertem a equação. Trabalhando no escuro, elas esculpem um em muitos, enquanto escondem os danos que causam em nossos vizinhos. E trata-se de uma legião de danos. Eles se revelam quando uma mãe solteira não consegue creche rápido o bastante para se adaptar aos horários de trabalho, ou quando um jovem em dificuldades é barrado num trabalho pago por hora por conta de um teste de personalidade. Nós os vemos quando um adolescente pobre de minoria é parado, revistado e advertido pela polícia local, ou quando um atendente de posto de gasolina que mora num CEP pobre recebe uma fatura de seguro mais cara. É uma guerra silenciosa que atinge os pobres mais duramente, mas que também impacta a classe média. Suas vítimas, em maioria, não têm poder econômico, acesso a advogados ou organizações políticas bem financiadas para travar as batalhas. O resultado é um dano generalizado que muitas vezes se passa como algo inevitável.

Não podemos contar apenas com o livre mercado para corrigir esses erros. Para entender o porquê, comparemos as ADMs com outro flagelo contra o qual nossa sociedade tem lutado, a homofobia.

Em setembro de 1996, dois meses antes de sua reeleição, o presidente Bill Clinton sancionou a Lei de Defesa do Matrimônio. Essa lei, que definia o casamento como algo entre um homem e uma mulher, prometia firmar o apoio ao presidente em camadas conservadoras de estados em disputa, como Ohio e Flórida.

Uma semana depois, a gigante de tecnologia IBM anunciou que iria fornecer benefícios médicos aos parceiros de mesmo sexo de seus funcionários. Você pode se perguntar por que a empresa, pilar do establishment corporativo, abriria os braços à controvérsia quando um presidente norte-americano dito progressista ia em outra direção.

A resposta tem a ver com os resultados financeiros. Em 1996, a corrida ao ouro na Internet estava apenas começando, e a IBM disputava cabeças com a Oracle, Microsoft, Hewlett-Packard e uma série de startups, incluindo Amazon e Yahoo. A maioria dessas empresas já oferecia benefícios a parceiros de mesmo sexo, atraindo talentos gays e lésbicas. A IBM não podia ficar de fora. "Em termos de competitividade de negócios, fazia sentido para nós", disse à época um porta-voz da empresa.

Se pensarmos nas políticas de recursos humanos na IBM e outras empresas como algoritmos, elas programaram discriminação por décadas. O movimento de igualar benefícios os empurrou em direção à justiça e equidade. Desde então, gays e lésbicas registraram um progresso impressionante em diversas áreas. Esse progresso é desigual, é claro. Muitos gays, lésbicas e transsexuais norte-americanos ainda são vítimas de preconceito, violência e ADMs. Isso é especialmente verdadeiro entre populações pobres e minorias. Ainda assim, enquanto escrevo, Tim Cook, um homem gay, é o executivo-chefe da Apple, a empresa mais valiosa do planeta. E, se ele quiser, tem o direito constitucional de se casar com outro homem.

Agora que vimos como as corporações podem agir decisivamente para consertar um erro em seus algoritmos de contratação, por que não podem fazer ajustes semelhantes nos modelos matemáticos causando estragos na sociedade, as ADMs?

Infelizmente, há uma diferença flagrante. Os direitos gays se beneficiaram de muitas maneiras das forças de mercado. Havia um pool de talentos de gays e lésbicas altamente educados com o qual as empresas queriam se relacionar. Assim, otimizaram seus modelos para atraí-los. Mas o fizeram com foco nos resultados financeiros. A equidade, na maioria dos casos, era um subproduto. Ao mesmo tempo, negócios de todo o país estavam começando a focar em consumidores LGBTQIA+ abastados, oferecendo cruzeiros, happy hours e programas de TV com temática gay. Mesmo que a inclusão tenha gerado queixas em alguns bolsões intolerantes, também pagou gordos dividendos.

Desarmar uma ADM nem sempre traz recompensas tão óbvias. Ao passo em que mais equidade e justiça beneficiariam a sociedade como um todo, as empresas individuais não estão posicionadas para colher as recompensas. Para a maioria delas, na verdade, as ADMs parecem ser altamente eficientes. Modelos de negócio inteiros, tais como universidades com fins lucrativos e credores de empréstimos consignados, são construídos sobre elas. E quando um software consegue com sucesso atingir pessoas desesperadas o bastante para pagarem 18% ao mês, quem está arrecadando lucros acredita estarem funcionando muito bem.

As vítimas, é claro, não se sentem assim. Mas o maior número delas — os trabalhadores por hora paga e desempregados, as pessoas que carregam baixos escores de crédito ao longo da vida — são pobres. Presidiários são impotentes. E na nossa sociedade, em que dinheiro compra influência, essas vítimas das ADMs quase não têm voz. A maioria é destituída de seus direitos políticos. De fato, muito frequentemente os pobres sofrem a culpa por sua pobreza, suas escolas ruins e os crimes que afligem seus bairros. É por isso que poucos políticos sequer se preocupam com estratégias antipobreza. Na visão comum, os males da pobreza são mais como uma doença, e o esforço — ou ao menos a retórica — é na direção de colocá-la em quarentena e evitar que se espalhe pela classe média. Precisamos pensar sobre como atribuímos culpa na vida moderna e como os modelos exacerbam esse ciclo.

Mas os pobres dificilmente são as únicas vítimas das ADMs. Longe disso. Vimos como modelos malevolentes podem pôr na lista de excluídos candidatos qualificados a vagas de emprego e reduzir o pagamento de funcionários que não se encaixam no padrão ideal de saúde de uma corporação. Essas ADMs atingem a classe média tão duramente quanto possível. Mesmo os ricos se veem microdirecionados por modelos políticos. E eles correm tão freneticamente quanto o resto de nós para satisfazer a implacável ADM que rege admissões universitárias e polui o ensino superior.

É também importante observar que estes são os primórdios. Naturalmente, credores consignados e sua laia começam mirando nos pobres e imigrantes. São os alvos mais fáceis, as frutas mais baixas. Eles têm menos acesso à informação, e mais deles estão desesperados. Mas as ADMs gerando fabulosas margens de lucro não devem permanecer em clausura por muito tempo nas classes mais baixas. Não é assim que os mercados operam. Eles irão evoluir e se espalhar, buscando por novas oportunidades. Já vimos isso acontecendo quando bancos tradicionais investem em operações peer-to-peer como o Lending Club. Em suma, as ADMs estão mirando a todos nós. E continuarão a se multiplicar, semeando injustiça, até que tomemos medidas para detê-las.

A injustiça, quer seja baseada em ganância ou em preconceito, tem estado presente desde sempre. E você poderia dizer que as ADMs não são piores que a maldade humana do passado recente. Em muitos casos, afinal, um gerente de empréstimos ou de contratação rotineiramente excluiria raças inteiras, sem mencionar todo um gênero, de serem consideradas para um empréstimo imobiliário ou oferta de emprego. Mesmo os piores modelos matemáticos, muitos diriam, não são tão ruins assim.

Mas a tomada de decisão humana, mesmo que muitas vezes imperfeita, possui uma virtude principal. Pode evoluir. Nós seres humanos mudamos enquanto aprendemos e nos adaptamos, bem como nossos processos. Sistemas automatizados, ao contrário, ficam parados no tempo até que engenheiros mergulhem de cabeça para mudá-los. Se um modelo de Big Data de inscrição universitária houvesse se estabelecido no final dos anos 1960, ainda não teríamos muitas mulheres frequentando o ensino superior, porque ele teria sido treinado largamente em homens de sucesso. Se museus da mesma época tivessem programado as ideias prevalentes sobre arte excepcional, ainda estaríamos vendo quase exclusivamente trabalhos de homens brancos, as pessoas pagas por ricos mecenas para criar arte. A equipe de futebol americano da Universidade do Alabama, desnecessário dizer, seria branca como lírio.

Os processos de Big Data programam em código o passado. Eles não inventam o futuro. Fazer isso requer imaginação moral, o que é algo que apenas humanos podem fazer. Temos de explicitamente embutir melhores valores em nossos algoritmos, criando modelos de Big Data que seguem nossa conduta ética. Por vezes isso vai significar colocar equidade antes do lucro.

De certo modo, nossa sociedade está se debatendo com uma nova revolução industrial. E podemos tirar algumas lições da última. A virada para o século XX foi uma época de grande progresso. As pessoas podiam iluminar suas casas com eletricidade e aquecê-las com carvão. Ferrovias modernas traziam carne, vegetais e produtos enlatados desde um continente de distância. Para muitos, a vida boa estava ficando melhor.

Mas esse progresso tinha um aspecto oculto abominável. Era fomentado por trabalhadores terrivelmente explorados, muitos dos quais crianças. Na ausência de regulamentações de saúde ou segurança, as minas de carvão eram armadilhas mortais. Apenas em 1907, 3.242 mineiros morreram. Trabalhadores em frigoríficos trabalhavam de doze a quinze horas por dia em condições insalubres e muitas vezes enviavam produtos intoxicados. A Armour and Co. distribuía latas de carne podre às toneladas para as tropas do exército, usando uma camada de ácido bórico para mascarar o fedor. Enquanto isso, monopolistas vorazes dominavam as ferrovias, companhias de energia e serviços de utilidade pública e elevavam as tarifas dos clientes, o que equivalia a um imposto sobre a economia nacional.

Claramente, o livre mercado não conseguia controlar seus excessos. Então depois que jornalistas como Ida Tarbell e Upton Sinclair expuseram esses e outros problemas, o governo interveio. Estabeleceu protocolos de segurança e inspeções sanitárias para alimentos, e proibiu o trabalho infantil. Com a ascensão dos sindicatos, e a aprovação de leis os protegendo, nossa sociedade se moveu em direção a dias de trabalho de oito horas e fins de semana livres. Esses novos padrões protegiam as empresas que não queriam explorar os trabalhadores ou vender comida estragada, porque seus concorrentes tinham de seguir as mesmas regras. E embora elas sem dúvidas aumentavam o custo de se fazer negócios, também beneficiavam a sociedade como um todo. Poucos iriam querer voltar ao tempo anterior a essas regras.

<☠/>

Como podemos começar a regulamentar os modelos matemáticos que controlam cada vez mais as nossas vidas? Eu sugiro começar o processo com os próprios modeladores. Tal qual os médicos, cientistas de dados deveriam fazer um juramento de Hipócrates, um que se concentrasse nos possíveis usos impróprios e más interpretações de seus modelos. Na sequência do colapso do mercado em 2008, dois engenheiros financeiros, Emanuel Derman e Paul Wilmott, elaboraram tal juramento. Lê-se:

> ~ Devo me lembrar que não criei o mundo, e ele não satisfaz minhas equações.
>
> ~ Embora eu uso modelos de forma audaciosa para estimar valor, não ficarei excessivamente impressionado com a matemática.
>
> ~ Jamais irei sacrificar a realidade em prol de elegância sem explicar por que o fiz.
>
> ~ Tampouco darei às pessoas que usam meu modelo um falso conforto acerca de sua exatidão. Em vez disso, deixarei explícitas suas hipóteses e omissões.
>
> ~ Eu entendo que meu trabalho possa causar enormes efeitos na sociedade e na economia, muitos dos quais para além da minha compreensão.

Essa é uma boa base filosófica. Mas valores sólidos e autoregulação controlam apenas os escrupulosos. Além do mais, o juramento de Hipócrates ignora a pressão real que os cientistas de dados sofrem quando os patrões pressionam por respostas específicas. Para as ADMs serem eliminadas, devemos avançar para além de estabelecer boas práticas na nossa comunidade. Nossas leis também precisam mudar. E, para que isso aconteça, devemos reavaliar a métrica do sucesso.

Hoje, o sucesso de um modelo é muitas vezes medido em termos de lucros, eficiência ou taxas de inadimplência. É quase sempre algo que pode ser contado. Mas o que deveríamos estar contando? Considere o exemplo a seguir. Quando as pessoas fazem uma busca online por informações sobre vale-alimentação do governo, muitas vezes são confrontadas com anúncios de intermediários, como o FindFamilyResources, de Tempe, Arizona. Tais sites parecem oficiais e dão links para formulários verdadeiros do governo. Mas eles também coletam nomes e endereços de e-mail para anunciantes predatórios, incluindo universidades com fins lucrativos. Eles ganham dinheiro com geração de leads ao fornecer um serviço supérfluo às pessoas, muitas das quais rapidamente se tornam alvo de serviços que não podem pagar.

É uma transação bem-sucedida? Depende do que você leva em conta. Para o Google, o clique no anúncio gera 25 ou 50 centavos, ou até mesmo um ou dois dólares. É um sucesso. Naturalmente, o gerador de leads também ganha dinheiro. E assim parece que o sistema está funcionando de modo eficiente. As rodas do comércio estão girando.

No entanto, do ponto de vista da sociedade, uma simples busca por serviços governamentais coloca um grande alvo nas costas de pessoas pobres, levando um certo número delas em direção à falsas promessas e empréstimos com altos juros. Mesmo que de um ponto de vista estritamente econômico, é um ralo no sistema. O fato de que pessoas precisem de vale-refeição do governo antes de tudo representa um fracasso da economia de mercado. O governo, usando dinheiro de impostos, tenta compensar isso, na esperança de que os recebedores dos vales-refeição em algum momento serão capazes de se manterem sozinhos. Mas os agregadores de leads os empurram para transações desnecessárias, deixando um bom número deles com déficits maiores e ainda mais dependentes de auxílio público. A ADM, embora produza receita para os mecanismos de buscas, agregadores de leads e marqueteiros, é uma sanguessuga na economia como um todo.

Um sistema de regulação de ADMs teria de medir tais custos escondidos, e ao mesmo tempo incorporar uma série de valores não numéricos. Este já é o caso para outros tipos de regulamentação. Apesar dos economistas tentarem calcular os custos da poluição ou esgoto agrícola, ou da extinção da coruja manchada, números jamais serão capazes de expressar seu valor. E o mesmo muitas vezes é verdade para a justiça, equidade e o bem comum nos modelos matemáticos. São conceitos que residem apenas na mente humana, e resistem à quantificação. E como os humanos estão encarregados de criar os modelos, eles raramente se esforçam para sequer tentar. É considerado simplesmente muito difícil. Mas precisamos impor valores humanos aos sistemas, mesmo a custo da eficiência. Por exemplo, um modelo pode ser programado para garantir que vários grupos étnicos ou níveis de renda estejam representados dentro de grupos de eleitores ou consumidores. Ou poderia destacar casos nos quais pessoas de certas localidades pagam o dobro da média por certos serviços. Essas aproximações podem ser rudimentares, especialmente de início, mas são essenciais. Os modelos matemáticos devem ser nossas ferramentas, e não nossos mestres.

A desigualdade, o encarceramento em massa e a apatia dos eleitores são grandes problemas nacionais que nenhum livre mercado ou algoritmo matemático irá consertar. Então, o primeiro passo para se obter um controle sobre nossa tecno-utopia, aquela esperança ilimitada e injustificada no que os algoritmos e a tecnologia podem realizar, é admitir que eles não são capazes de fazer tudo.

Para desarmar ADMs, também devemos medir seu impacto e conduzir auditorias de algoritmos. O primeiro passo, antes de mergulhar no código de programação do software, é fazer pesquisas. Começaríamos tratando a ADM como uma caixa-preta que ingere dados e cospe conclusões. Essa pessoa tem um risco médio de cometer outro crime, essa aqui tem 73% de chances de votar no partido Republicano, esse professor é classificado no decil mais baixo. Ao se estudar esses outputs ou conclusões, poderíamos montar as premissas por trás do modelo e as pontuar por equidade e justiça.

Às vezes, fica muito claro desde o início que certas ADMs não passam de ferramentas primitivas que transformam complexidade em simplicidade, tornando fácil aos gerentes demitir grupos de pessoas ou oferecer descontos a outras. O modelo de valor agregado usado nas escolas públicas de Nova Iorque, por exemplo, que deu uma desastrosa nota 6 a Tim Clifford num ano e extravagantes 96 no outro, é uma farsa estatística. Se você assinalar as notas de ano a ano num gráfico, os pontos serão posicionados quase tão aleatoriamente quanto os átomos de hidrogênio em uma sala. Muitos dos alunos de matemática dessas mesmas escolas poderiam estudar essas estatísticas por quinze minutos e concluir, com segurança, que as notas não mediam nada. Bons professores, afinal, tendem a ser bons ano após ano.

Ao contrário de, digamos, o arremessador reserva no beisebol, eles raramente têm uma temporada boa seguida de uma desastrosa. (E também ao contrário do arremessador, a performance deles resiste à análise quantitativa.)

Não há conserto para um modelo retrógrado como o modelo de valor agregado. A única solução em tal caso é descartar o sistema injusto. Esqueça, ao menos por uma ou duas décadas, a ideia de criar ferramentas para medir a eficácia de um professor. É complexo demais para se modelar, e os únicos dados possíveis são broncos indicadores aproximados. O modelo simplesmente ainda não é bom o bastante para informar decisões importantes sobre as pessoas em quem confiamos para ensinar nossas crianças. É um trabalho que requer sutileza e contexto. Mesmo na era do Big Data, continua sendo um problema para humanos resolverem.

É claro, os analistas humanos, quer seja o diretor ou os gestores, devem levar em conta muitos dados, incluindo as notas das provas dos alunos. Eles devem incorporar ciclos positivos de feedback. Tratam-se dos primos angelicais dos ciclos nefastos de feedback que passamos a conhecer tão bem. Um ciclo positivo simplesmente fornece informação ao cientista de dados (ou ao sistema automático) de modo que o modelo possa ser melhorado. Neste caso, é apenas uma questão de perguntar aos professores e alunos de igual modo se as avaliações fazem sentido a eles, e se entendem e aceitam as premissas por trás delas. Caso contrário, como podem ser aprimoradas? Apenas quando temos um ecossistema com ciclos positivos de feedback é que podemos esperar melhorar o ensino fazendo uso de dados. Até lá, é apenas punitivo.

É verdade, como entusiastas de dados são rápidos em apontar, que o cérebro humano roda com modelos internos próprios, e muitas vezes são tingidos com preconceitos ou egoísmo. Assim, seus outputs — neste caso, avaliações de professores — também devem ser auditados por equidade e justiça. E essas auditorias devem ser cuidadosamente projetadas e testadas por seres humanos, e posteriormente automatizadas. Enquanto isso, matemáticos podem trabalhar na criação de modelos que ajudem os professores a medir sua própria eficácia e se aperfeiçoar.

Outras auditorias são bem mais complicadas. Tome os modelos de reincidência criminal que juízes de muitos estados consultam antes de sentenciar detentos. Nesses casos, como a tecnologia é relativamente nova, temos um antes e depois. Terão os padrões de sentenças de juízes mudado desde que passaram a receber análises de risco da ADM? Veremos, sem dúvidas, que uma parte dos juízes rodava modelos igualmente problemáticos em suas cabeças bem antes da chegada do software, punindo detentos pobres e minorias de forma mais severa que outros. Em alguns desses casos, provavelmente, o software pode moderar o julgamento deles. Em outros, não. Mas com dados o bastante, os padrões se tornarão claros, permitindo-nos avaliar a força e a inclinação da ADM.

Se descobrirmos (e estudos já mostraram) que os modelos de reincidência programam preconceitos no código e penaliza os mais pobres, então é hora de dar uma olhada nos inputs, ou entradas. Neste caso, incluem-se diversas conexões do tipo farinha-do-mesmo-saco. E eles preveem o comportamento de um indivíduo com base nas pessoas que ele conhece, seu emprego e sua classificação de crédito — detalhes que seriam inadmissíveis no tribunal. A correção de equidade e justiça é jogar fora os dados.

Mas espere aí, você diria. Vamos sacrificar a exatidão do modelo em troca de justiça? Precisamos emburrecer nossos algoritmos?

Em alguns casos, sim. Se vamos ser iguais perante a lei, ou termos o mesmo tratamento enquanto eleitores, não podemos apoiar sistemas que nos colocam em castas diferentes e nos tratam de forma diferente.[vii] Empresas como Amazon e Netflix podem jogar seus clientes em pequenos baldes e otimizá-los o quanto quiserem. Mas o mesmo algoritmo não pode entregar justiça ou democracia.

Movimentos em direção à auditoria de algoritmos já estão em curso. Em Princeton, por exemplo, pesquisadores lançaram o Web Transparency and Accountability Project. Eles criam softwares robôs que se mascaram online como pessoas de todos os tipos — ricos, pobres, homens, mulheres ou quem sofre com questões de saúde mental. Ao se estudar o tratamento que esses robôs recebem, os pesquisadores são capazes de detectar vieses ou parcialidades em sistemas automatizados, de mecanismos de busca a sites de colocação de empregos. Iniciativas semelhantes estão sendo implantadas em universidades como Carnegie Mellon e MIT.

[vii] Você pode achar que uma auditoria imparcial pressionaria pela eliminação de variáveis como raça da análise. Mas se vamos medir o impacto de uma ADM, precisamos desses dados. Atualmente, a maioria das ADMs evita rastrear raça diretamente. Em muitos casos, é contra a lei. É mais fácil, entretanto, expor a discriminação racial em empréstimos imobiliários do que em empréstimos automotivos, porque credores imobiliários são obrigados a perguntar pela raça do solicitante. Se incluirmos raça na análise, como observou a cientista da computação Cynthia Dwork, seremos capazes de quantificar injustiças raciais onde encontrarmos. Então poderemos publicá-las, debater a ética e propor remediações. Dito isso, raça é uma construção social e como tal é de difícil identificação, como qualquer pessoa de raça mista poderá atestar.

Suporte acadêmico a essas iniciativas é crucial. Afinal, para se policiar as ADMs precisamos de pessoas com as habilidades para criá-las. Suas ferramentas de pesquisa podem replicar a escala imensa das ADMs e extrair conjuntos de dados grandes o bastante para revelar os desequilíbrios e injustiças embutidos nos modelos. Também podem construir campanhas de crowdsourcing, para que pessoas de toda a sociedade possam dar detalhes sobre o tipo de mensagem que recebem de anunciantes ou políticos. Isso poderia iluminar as práticas e estratégias das campanhas de microdirecionamento.

Nem todas elas se revelariam nefastas. Na sequência da eleição presidencial de 2012, por exemplo, a ProPublica criou o que chamou de Máquina de Mensagem, que usou crowdsourcing para fazer a engenharia reversa do modelo dos anúncios políticos direcionados da campanha de Obama. Grupos diferentes, como se viu, receberam comentários radiantes sobre o presidente de várias celebridades, cada qual presumidamente direcionada a um público específico. Não era uma prova definitiva. Mas ao fornecer informações e eliminar o mistério por trás do modelo, a Máquina de Mensagem reduziu (mesmo que por pouco) os motivos para suspeitas e boatos sombrios. É algo positivo.

Se considerarmos os modelos matemáticos como motores da economia digital — e de muitas formas o são — esses auditores estão abrindo os capôs, mostrando-nos como funcionam. É um passo vital para que possamos equipar esses poderosos motores com volantes de direção — e freios.

Os auditores encaram resistência, entretanto, muitas vezes dos gigantes da web, que são a coisa mais próxima que temos de serviços públicos de informação. O Google, por exemplo, proibiu pesquisadores de criar perfis falsos para mapear os vieses do buscador.[viii] Se a empresa de fato conduz auditorias de viés, sua preferência é mantê-las internas. Dessa forma elas protegem o funcionamento interno do algoritmo, bem como seus preconceitos, de pessoas externas. Mas as pessoas internas, sofrendo como todos nós o viés de confirmação, são mais propensas a ver o que esperam encontrar. Podem não fazer as perguntas mais profundas ou investigativas. E se encontrarem injustiças que pareçam aumentar os resultados financeiros do Google... bem, isso poderia levar a discussões desconfortáveis que certamente iriam querer manter longe dos olhos do público. Assim, há poderosos argumentos de negócio para a confidencialidade. Mas conforme o público aprende

---

[viii] O Google expressou interesse em trabalhar para eliminar vieses e parcialidades de seu algoritmo, e alguns funcionários do Google conversaram brevemente comigo sobre isso. Uma das primeiras coisas que digo a eles é para abrirem a plataforma a mais pesquisadores externos.

mais sobre ADMs, e exige mais responsabilização e prestação de contas desses serviços, o Google, eu espero, não terá escolhas a não ser permitir que pessoas de fora entrem.

O Facebook também. A rigorosa política da rede social de atar os usuários a seus nomes reais limita severamente as pesquisas que pessoas externas podem realizar ali. A política de nome real é admirável de muitas formas, até porque força os usuários a serem responsabilizados pelas mensagens que postam. Mas o Facebook também deve ser responsabilizável por todos nós — o que significa abrir a plataforma a mais auditores de dados.

O governo, é claro, tem um poderoso papel regulatório a cumprir, da mesma forma que teve quando confrontado com os excessos e tragédias da primeira revolução industrial. Pode começar adaptando e depois aplicando as leis que já estão em vigor.

Como discutimos no capítulo sobre escores de crédito, as leis de direitos civis referidas como Lei de Justa Informação de Crédito (FCRA) e Lei de Oportunidades Iguais de Crédito (ECOA) têm o propósito de garantir justiça na pontuação de créditos. A FCRA garante que um consumidor pode ver os dados que compõe o seu escore e corrigir quaisquer erros, e a ECOA proíbe associar raça ou gênero ao escore de uma pessoa.

Essas legislações não são perfeitas, e precisam de atualização com urgência. Reclamações de consumidores são por vezes ignoradas, e não há nada explicitamente impedindo as empresas de escores de crédito de usar CEPs como indicador aproximado de raça. Ainda assim, elas oferecem um bom ponto de partida. Primeiro, precisamos exigir transparência. Cada um de nós deve ter o direito de receber um alerta quando um escore de crédito está sendo usado para nos julgar ou nos vetar. E cada um de nós deve ter acesso às informações sendo usadas para computar aquele escore. Se estiverem incorretas, devemos ter o direito de contestá-las e corrigi-las.

Em seguida, as legislações devem se expandir para cobrir novos tipos de empresas de crédito, como o Lending Club, que usa e-escores recém-criados para prever o risco de que alguém irá deixar de pagar um empréstimo. Elas não deveriam ser autorizadas a operar nas sombras.

A Lei dos Portadores de Deficiências (ADA), que protege pessoas com problemas médicos de sofrerem discriminação no trabalho, também precisa de atualização. A lei atualmente proíbe exames médicos como parte de um processo seletivo. Mas precisamos atualizá-la para levar em conta testes de personalidade de Big Data, pontuações de saúde e de reputação. Todos estes escapam da lei, e não deveriam poder fazê-lo. Uma possibilidade já em discussão seria estender a proteção da ADA para incluir resultados "previstos" de saúde no futuro. Em outras palavras, se uma análise de genoma mostrar que uma pessoa tem alto risco para câncer de mama, ou para Alzheimer, àquela pessoa não devem ser negadas oportunidades de trabalho.

Também devemos expandir a Lei de Portabilidade e Responsabilidade de Provedores de Saúde (HIPAA), que protege nossas informações médicas, de modo a cobrir os dados médicos atualmente sendo coletados por empregadores, apps de saúde e outras empresas de Big Data. Quaisquer dados relacionados à saúde coletados por agentes e vendedores, como buscas no Google por tratamentos médicos, também devem ser protegidos.

Se quisermos jogar com força, podemos pensar em avançar em direção ao modelo europeu, que estipula que quaisquer dados coletados devem ser aprovados pelo usuário, como "opt-in", opção de inclusão. Também é proibido o reuso de dados para outros propósitos. A condição de opt--in é muitas vezes contornada ao se fazer o usuário clicar numa caixa legal inescrutável. Mas a cláusula de não reuso é muito forte: torna ilegal vender dados de usuário. Isso os mantém longe dos vendedores de dados cujos dossiês alimentam e-escores tóxicos e campanhas de microdirecionamento.

Graças a essa cláusula de não reuso, vendedores na Europa ficam muito mais restritos, presumindo que sigam a lei.

Por fim, modelos que causem impacto significativo em nossas vidas, incluindo escores de crédito e e-escores, devem ser abertos e disponíveis ao público. Idealmente, poderíamos navegar neles ao nível de um app em nossos celulares. Num mês apertado, por exemplo, um consumidor poderia usar tal app para comparar o impacto de contas não pagas de eletricidade e telefone em seu escore de crédito e ver como um escore mais baixo afetaria seus planos de comprar um carro. A tecnologia já existe. Só falta a vontade.

<☠/>

Em um dia de verão em 2013, tomei o metrô até a ponta sul de Manhattan e caminhei até um grande edifício administrativo em frente à prefeitura de Nova Iorque. Eu estava interessada em construir modelos matemáticos para ajudar a sociedade — o oposto das ADMs. Então, me inscrevi como estagiária não remunerada em um grupo de análise de dados do Departamento de Habitação e Serviços Humanos da cidade. O número de pessoas sem-teto na cidade havia crescido para 64 mil, incluindo 22 mil crianças. Meu trabalho era ajudar a criar um modelo que previsse o tempo que uma família sem-teto permaneceria no sistema de abrigos e parear cada família com o serviço apropriado. A ideia era dar às pessoas o que precisavam para cuidarem de si e de suas famílias e encontrar uma moradia permanente.

Meu trabalho, de muitas maneiras, era ajudar a criar um modelo de reincidência. Muito como os analistas criando o modelo LSI−R, eu estava interessada nas forças que pressionavam as pessoas de volta aos abrigos e também naquelas que as levavam à moradia estável. Ao contrário da ADM de sentenças, porém, nosso pequeno grupo se concentrava em usar esses achados para ajudar as vítimas e reduzir o número de desabrigados e o desespero. A meta era criar um modelo para o bem comum.

Em um projeto separado, mas relacionado, um dos demais pesquisadores havia descoberto uma correlação extremamente forte, uma que apontava para uma solução. Um certo grupo de famílias de desabrigados tendia a desaparecer dos abrigos e nunca mais voltar. Eram as que haviam ganhado vales sob um programa de habitação federal chamado Section 8. Não deveria ser surpresa. Se você fornecer moradia acessível às famílias sem-teto, poucas delas irão optar pelas ruas ou abrigos esquálidos.

No entanto, aquela conclusão poderia ter sido constrangedora para o então prefeito Michael Bloomberg e sua equipe. Com muito alarde, a prefeitura da cidade havia afastado as famílias do Section 8. Ela havia instituído um novo sistema chamado Advantage, que limitava os subsídios em três anos. A ideia era que a iminência do vencimento dos benefícios empurraria as pessoas pobres a ganhar mais dinheiro e pagar de seu próprio jeito. Isso se provou otimista, como os dados deixaram claro. Enquanto isso, o florescente mercado imobiliário de Nova Iorque fazia os aluguéis subirem, fazendo a transição ainda mais assustadora. Famílias sem os vales do Section 8 voltaram aos abrigos.

As descobertas dos pesquisadores não foram bem-vindas. Para uma reunião com importantes autoridades públicas, nosso grupo preparou uma apresentação de PowerPoint sobre os sem-teto na cidade. Depois do slide com estatísticas sobre a reincidência e a efetividade do Section 8 ser exibido, ocorreu uma conversa extremamente incômoda e breve. Alguém exigiu que o slide fosse tirado. A linha do partido prevaleceu.

Embora o Big Data, quando gerenciado com sabedoria, possa fornecer insights importantes, muitos deles causarão rupturas. Afinal, ele visa encontrar padrões que são invisíveis aos olhos humanos. O desafio para os cientistas de dados é entender os ecossistemas para os quais estão avançando e apresentar não apenas os problemas, mas também as possíveis soluções. Uma simples análise de dados de fluxo de trabalho poderia destacar cinco trabalhadores que parecem supérfluos. Mas se a equipe de dados trouxer um expert, podem ajudar a descobrir uma versão mais construtiva do modelo. Pode sugerir trabalhos que aquelas pessoas possam ocupar em um sistema otimizado e pode identificar o treinamento que precisariam para preencher aquelas posições. Às vezes o trabalho de um cientista de dados é saber quando você não sabe o bastante.

Ao pesquisar a economia dos dados, vejo montes de modelos matemáticos emergentes que podem ser usados para o bem e um igual número com potencial para serem excelentes — se não forem abusados. Tome de exemplo o trabalho de Mira Bernstein, investigadora de trabalho escravo. PhD de Harvard em matemática, ela criou um modelo para escanear vastas cadeias de fornecimento industriais, nas quais se montam aparelhos celulares, tênis ou carros SUVs, para encontrar sinais de trabalho forçado. Ela montou o modelo para uma empresa sem fins lucrativos chamada Made in a Free World. O objetivo é usá-lo para ajudar empresas a erradicar de seus produtos os componentes feitos por trabalho escravo. A ideia é que as empresas estarão ávidas para se livrar desse flagelo, presumidamente porque se opõem à escravidão, mas também porque a associação com ela pode devastar suas marcas.

Bernstein coletou dados de diversas fontes, incluindo dados comerciais das Nações Unidas, estatísticas sobre as regiões em que o trabalho escravo era mais prevalente, além de informações detalhadas sobre os componentes que fazem parte de milhares de produtos industriais, e incorporou tudo isso em um modelo que poderia dar nota a um dado produto de uma certa região pela probabilidade de que havia sido feito usando trabalho escravo. "A ideia é que o usuário entraria em contato com seu fornecedor e diria, 'me conte mais sobre onde você está obtendo as seguintes partes de seu computador'", Bernstein disse à revista Wired. Como muitos modelos responsáveis, o detector de escravidão não exagera no alcance. Ele meramente aponta os lugares suspeitos e deixa a última parte da busca para o ser humano. Algumas das empresas descobrem, é claro, que o fornecedor suspeito é legítimo. (Todo modelo produz falsos positivos.) Essa informação volta à Made in a Free World, onde Bernstein pode estudar o feedback.

Outro modelo para o bem comum emergiu no campo do trabalho social. É um modelo de previsão que aponta lares em que há mais chances de crianças sofrerem abusos. O modelo, desenvolvido pela Eckerd, uma organização sem fins lucrativos de serviços à crianças e famílias, foi lançada em 2013 no Condado de Hillsborough, na Flórida, área que abrange Tampa. Nos dois anos anteriores, nove crianças da região haviam morrido vítimas de abusos, incluindo um bebê que fora jogado da janela do carro. Os modeladores incluíram 1.500 casos de abuso infantil em seu banco de dados, incluindo óbitos. Eles encontraram um número de marcadores para abuso, incluindo um namorado na casa, um histórico de uso de drogas ou violência doméstica, e um pai ou mãe que tinha estado em um orfanato quando criança.

Se esse fosse um programa para achar criminosos em potencial, você vê logo de cara quão injusto poderia ser. Ter vivido num lar adotivo ou ter um parceiro não casado em casa não deveria dar motivos de suspeita. E mais, o modelo é muito mais propenso a atingir os pobres — e deixar passar potenciais abusos em bairros ricos.

Mas se a meta não é punir os pais, mas em vez disso fornecer ajuda às crianças que possam precisar, uma ADM em potencial se torna benigna. Ela canaliza recursos para famílias em risco. E nos dois anos seguintes à implementação do modelo, de acordo com o Boston Globe, o Condado de Hillsborough não sofreu nenhuma fatalidade fruto de abuso infantil.

Modelos como esse serão abundantes nos próximos anos, aferindo os riscos de sofrermos osteoporose ou derrames, entrando em cena para ajudar alunos em dificuldade com Cálculo II, e até mesmo prevendo as pessoas com mais chances de sofrer acidentes como quedas que causam consequência sérias. Muitos desses modelos, como algumas das ADMs que discutimos aqui, virão com as melhores das intenções. Mas eles também precisam apresentar transparência, revelando os dados de entrada que estejam usando bem como os resultados dos direcionamentos. E precisam ser abertos à auditorias. Trata-se de motores poderosos, afinal. Devemos ficar de olho neles.

Dados não vão desaparecer. Nem computadores — e muito menos a matemática. Modelos de previsão são, cada vez mais, as ferramentas com as quais contaremos para administrar nossas instituições, aplicar nossos recursos e gerenciar nossas vidas. Mas, como tentei mostrar ao longo deste livro, esses modelos são construídos não apenas de dados, mas das escolhas que fazemos sobre em quais dados prestar atenção — e quais deixar de fora. Essas escolhas não tratam apenas de logísticas, lucros e eficiência. Elas são fundamentalmente morais.

Se nos afastarmos delas e tratarmos os modelos matemáticos como forças neutras e inevitáveis, como o clima ou as marés, estaremos abdicando de nossa responsabilidade. E o resultado, como vimos, são ADMs que nos tratam como partes de máquinas no local de trabalho, que boicotam funcionários e se deleitam com desigualdades. Devemos nos unir para fiscalizar essas

ADMs, para domá-las e desarmá-las. Minha esperança é que serão lembradas, assim como as mortais minas de carvão de um século atrás, como relíquias dos primórdios dessa nova revolução, antes de termos aprendido a como trazer justiça, equidade e responsabilização à Era dos Dados. A matemática merece muito mais do que ADMs, e a democracia também.

AGRADECIMENTOS

Agradeço a meu marido e filhos pelo apoio incrível. Obrigada também a John Johnson, Steve Waldman, Maki Inada, Becky Jaffe, Aaron Abrams, Julie Steele, Karen Burnes, Matt LaMantia, Martha Poon, Lisa Radcliffe, Luis Daniel e Melissa Bilski. Por fim, agradeço às pessoas sem as quais este livro não existiria: Laura Strausfeld, Amanda Cook, Emma Berry, Jordan Ellenberg, Stephen Baker, Jay Mandel, Sam Kanson-Benanav e Ernie Davis.

<💀/>

[Confirm Delete ?]

... Yes

TIPOGRAFIA:
Antonio (título)
Georgia (texto)

PAPEL:
Cartão LD 250g/m2 (capa)
Pólen Soft LD 80g/m (miolo)

Versão 02/61